# 高铁建设对城市经济发展影响研究

石 林 著

中国财经出版传媒集团
中国财政经济出版社

图书在版编目（CIP）数据

高铁建设对城市经济发展影响研究/石林著． －－北京：中国财政经济出版社，2020.12（2025.5 重印）
ISBN 978 - 7 - 5223 - 0151 - 8

Ⅰ.①高… Ⅱ.①石… Ⅲ.①高速铁路 - 影响 - 城市经济 - 经济发展 - 中国 Ⅳ.①F299.21

中国版本图书馆 CIP 数据核字（2020）第 217948 号

责任编辑：武志庆　　　　　　责任校对：李　丽

中国财政经济出版社 出版

URL：http：//www.cfeph.cn
E - mail：cfeph@ cfeph.cn

（版权所有　翻印必究）

社址：北京市海淀区阜成路甲 28 号　邮政编码：100142
营销中心电话：010 - 88191522
天猫网店：中国财政经济出版社旗舰店
网址：https：//zgczjjcbs.tmall.com
北京密兴印刷有限公司印刷　各地新华书店经销
成品尺寸：170mm×240mm　16 开　11.25 印张　161 000 字
2021 年 1 月第 1 版　2025 年 5 月北京第 2 次印刷
定价：45.00 元
ISBN 978 - 7 - 5223 - 0151 - 8
（图书出现印装问题，本社负责调换，电话：010 - 88190548）
本社质量投诉电话：010 - 88190744
打击盗版举报热线：010 - 88191661　QQ：2242791300

# 摘　　要

"要想富，先修路"，交通基础设施是推动经济发展的重要支撑。随着城市化和工业化进程的加快，人们对快速、便利、安全舒适的交通需求日益增加。高速铁路作为现代化的交通运输工具之一，高铁的开通可以显著地提高沿线地区的通达性，优化生产要素在空间上的有效配置，有效地推动城市经济发展，加快形成轴带式经济布局形态。当前，我国正处在全面建成小康社会的攻坚期和供给侧结构性改革的机遇期，高铁网络化形态逐步完善，在经济社会发展中的地位和作用日益重要。高铁的开通对城市经济空间结构的影响是什么？本书根据高铁要素组成，按照高铁站、高铁线与高铁网络对城市发展影响的逻辑思路展开研究。

首先，分析高铁站对城市多中心空间格局的影响，高铁建设对城市和区域发展的影响主要包括三个方面：第一，从区域层面，集中体现在高铁建设对城市的可达性的影响和城市整合效益。第二，从中观层面，高铁站点作为城市发展的重要节点，体现在高铁站点对整个城市内部空间结构的影响。第三，从微观层面，体现在高铁站点对周边土地开发、房价、功能布局等方面的影响。在城市功能与交通枢纽双重作用下，城市中物质流与非物质流快速集聚，为城市发展带来新的活动，主要体现在强化原有城市中心、形成多中心城市空间结构及城市同城化发展，同时受城市经济发展水平、城市等级规模、产业结构的影响，不同高铁站对城市的刺激程度存在差异，从高铁建设情况来看，高铁站与城市之间的关系分为：融合型，是在城市已经存在的火车站的基础上扩建或改造形成的；城边型，该类型车站距离城市中心仍有一段距离，但是同时又没完全脱离城市原来的发展形态，位于城市建成区的边缘位置；远郊型，距离城市中心较远，基本上脱离城市中心的辐射范围，并且与原有城市中心的联系相对较少。随着经济学和地理学交叉学科的发展，夜间灯光数据在研究城市经济发展中具有客观性和便捷性，在经济学中的应用日益广泛，为本书研究高铁对城市空间影响提供了新视角。本书通过对夜间灯光数据的饱和现象进行校正、数据连续性进行校正，利用空间分析软件对校正好的数据、对城市的建成区面积进行了提取，然后采用灯光强度指标对开通高铁前后城市经济重心的变化进行了计算，最后利用城市经济重心偏移实际距离、高铁站点方向偏移距离及其标准化距离，同时利用城市中心偏移距离与高铁站方向偏移距离夹角，即三个距离和一个夹角来衡量高铁站与城市重心变化的关系。结果表明，高铁站的建设对城市的发展非常重要，高铁站的位置与城市中心的距离影响着城市功能的发挥和资源整合的能力。但这种作用需要充分论证高铁站区与城市总体规划之间的契合性，避免出现城市之间"高铁大战"现象，使高铁站区的开发与城市发展有效结合，提升整体实力。

其次，发达的高速铁路网逐渐成为加速我国区域城市经济一体化发展的重要因素。高铁的开通提升城市可达性，降低城市之间、城市群之间、区域之间的时间成本和运输成本，打破了生产要素跨地域空间流动的壁垒，促使其沿线城市不断加强经济合作，从而改变区域经济发展格局。本书采用双重差分法对高铁建设的区域经济一体化效应进行实证分析，从行政分割理念出发，通过构建一个市场潜力指标来表示一体化程度。结果表明高铁的建设具有正向显著的一体化效应，从全国层面讲高铁建设的一体化平均效应达 0.89，为检验结果的可靠性，本书通过了系列的稳健性检验，结果仍具有显著性。另外，还针对不同区域、不同城市群及不同城市级别进行检验，结果表明高铁的一体化效应存在明显的梯度差异，对加快区域、城市经济一体化发展具有积极作用。

经过 10 多年的建设及运营，我国高铁对经济发展的效应已经初步显现，未来应在高速铁路的经济效应数理模型的构建、高铁的开通对边缘性城市的影响、利用客运或货运的数据通过构建梳理模型对高铁的经济效应进行评估、结合不同交通运输的辐射范围和经济优势，分析研究不同运输方式之间的关系以及高铁列车的运行频次等特征也有可能对经济一体化造成异质性的影响等方面进行深入研究。

# 目 录

第 1 章　绪论 ································································· 1

　1.1　选题背景及意义 ····················································· 2

　　1.1.1　选题背景 ······················································· 2

　　1.1.2　选题意义 ······················································· 3

　1.2　研究思路、方法与内容 ············································ 4

　　1.2.1　研究思路 ······················································· 4

　　1.2.2　研究方法 ······················································· 5

　　1.2.3　内容安排 ······················································· 7

　1.3　创新点与进一步研究方向 ········································· 8

　　1.3.1　本书创新点 ···················································· 8

　　1.3.2　下一步研究方向 ············································· 9

第 2 章　理论基础与文献综述 ········································· 11

　2.1　理论基础 ···························································· 12

　　2.1.1　增长极理论 ·················································· 12

　　2.1.2　点轴开发与网络开发理论 ································ 13

　　2.1.3　中心地理论 ·················································· 14

　　2.1.4　区域空间一体化理论 ······································ 14

  2.1.5 高铁与土地开发理论 …… 16
 2.2 高铁站点与城市的发展 …… 17
  2.2.1 强化了已有的城市中心 …… 17
  2.2.2 拓展了城市发展空间 …… 18
  2.2.3 高铁站对城市土地开发的影响 …… 20
  2.2.4 高铁站对城市交通节点的影响 …… 22
 2.3 高铁对区域经济一体化影响 …… 23
 2.4 文献述评 …… 26
 2.5 小结 …… 27

## 第 3 章 高铁的基本特征及发展现状 …… 28
 3.1 高铁概述及其基本特征 …… 29
  3.1.1 高铁概述 …… 29
  3.1.2 高铁的基本特征 …… 30
 3.2 高铁发展历程及主要国家发展现状 …… 34
  3.2.1 高铁发展历程 …… 34
  3.2.2 世界主要国家和地区高铁发展现状 …… 35
  3.2.3 国外高铁建设对我国高铁发展的启示 …… 40
 3.3 我国高铁建设与运营 …… 41
  3.3.1 我国铁路历次大提速 …… 41
  3.3.2 我国高速铁路建设与运营 …… 42
 3.4 我国高铁发展面临的挑战 …… 45
 3.5 小结 …… 47

## 第 4 章 高铁对区域与城市的总体影响 …… 48
 4.1 高铁对区域经济的影响 …… 49
  4.1.1 高铁开通对区域经济空间再分布的影响 …… 49
  4.1.2 高铁对区域协调发展影响 …… 53

4.1.3　高铁对区域经济影响路径 …………………………………… 53
4.2　高铁线对城市、城市群的影响 ………………………………………… 57
　　4.2.1　高铁对城市通达性影响研究 …………………………………… 57
　　4.2.2　高铁对沿线城市格局的影响 …………………………………… 58
　　4.2.3　高铁与城市群发展 ……………………………………………… 60
　　4.2.4　高铁对城市体系重构影响 ……………………………………… 61
4.3　小结 …………………………………………………………………… 66

## 第5章　高铁站点对城市多中心格局的影响 ……………………………… 68
5.1　高铁站选址与城市空间的关系 ………………………………………… 69
　　5.1.1　融合型 …………………………………………………………… 69
　　5.1.2　城边型 …………………………………………………………… 70
　　5.1.3　远郊型 …………………………………………………………… 72
5.2　京广高铁站点区位及比较 ……………………………………………… 75
　　5.2.1　京广高铁站区位 ………………………………………………… 75
　　5.2.2　京广高铁线设站城市与周边城市比较 ………………………… 78
5.3　基于夜间灯光数据对城市建成区的提取 ……………………………… 81
　　5.3.1　夜间灯光数据基本介绍及在空间经济研究中的应用 ………… 81
　　5.3.2　DMSP/OLS 数据预处理 ………………………………………… 83
　　5.3.3　城市建成区的提取 ……………………………………………… 89
5.4　设站城市经济重心的偏移测算及分析 ………………………………… 91
　　5.4.1　城市经济重心偏移的测算 ……………………………………… 91
　　5.4.2　高铁站与城市空间发展关系分析 ……………………………… 93
5.5　高铁站对城市多中心格局的案例分析 ………………………………… 96
　　5.5.1　高铁综合交通枢纽的特征 ……………………………………… 96
　　5.5.2　高铁综合交通枢纽的功能 ……………………………………… 96
　　5.5.3　高铁站对多种格局的影响模式 ………………………………… 97
　　5.5.4　国内外高铁站发展案例分析 ……………………………………101

5.6 小结 ……………………………………………………………… 105

## 第6章 高铁建设的区域经济一体化效应 …………………………… 107
6.1 问题的提出 ……………………………………………………… 108
6.2 高铁对区域经济一体化影响机制 ……………………………… 109
6.3 模型、方法和数据 ……………………………………………… 110
  6.3.1 估计方法介绍 …………………………………………… 110
  6.3.2 数据、变量和描述性统计 ……………………………… 112
  6.3.3 数据来源 ………………………………………………… 116
6.4 实证分析 ………………………………………………………… 117
  6.4.1 高铁建设与区域经济一体化：基本结果 ……………… 117
  6.4.2 稳健性检验 ……………………………………………… 123
6.5 高铁对城市经济一体化影响模式 ……………………………… 127
  6.5.1 城市交通与城市发展 …………………………………… 127
  6.5.2 职住分离的同城化 ……………………………………… 128
  6.5.3 多样化的产业分工 ……………………………………… 129
  6.5.4 实现高素质人力资源的协作、共享 …………………… 130
6.6 结论与启示 ……………………………………………………… 131
6.7 小结 ……………………………………………………………… 133

## 第7章 结论与展望 …………………………………………………… 135
7.1 结论 ……………………………………………………………… 136
7.2 展望 ……………………………………………………………… 139

参考文献 ………………………………………………………………… 142
附录 ……………………………………………………………………… 156

# 第 1 章 绪　　论

"火车一响，黄金万两。"交通运输方式的不断创新与改进推动了人类社会和经济发展不断前进。交通运输与经济发展之间的关系一直是区域经济学和城市经济学研究的重要问题，交通运输的发展一方面会增加经济活动的区位选择；另一方面也会改变城市的区位优势和通达性。交通运输方式影响商品和服务运输成本的高低，而运费的高低与距离和交通运输方式紧密相关。随着我国城市化和区域协调发展进程的不断加快，高铁的诞生与发展可以说是与经济社会发展、人民生活水平的提高有紧密联系，是近现代交通运输市场上跨城市交通运输方式的最佳选择。自铁路诞生以来，由于其高运量、安全性、舒适性等特征，一度成为最受欢迎的运输方式。后来由于高速公路、航空运输业的兴起，铁路又面临巨大的竞争压力。高速铁路的出现，凭借其安全、清洁、稳定、准时率高的特点，使日益衰落的铁路产业迎来了发展的第二次春天。本书的开篇，旨在交代选题背景和意义，寻找城市经济学和区域经济关于交通基础设施与经济发展之间关系的理论依据，并在此基础上提出研究思路、方法和主要内容。最后指出本书研究的难点和创新点以及研究的不足，为后文的分析奠定基础。

## 1.1 选题背景及意义

### 1.1.1 选题背景

高速铁路（以下简称"高铁"）在众多学者眼中被称为20世纪后半叶交通运输史上最伟大的突破之一（Zheng & Kahn，2013）。具有现代意义上的第一条高铁起源于日本，经过50多年的发展，西欧一些国家，如法国、德国、意大利等国一直走在世界高速铁路发展的前列，并先后建立了完善的高速铁路网。进入21世纪我国高铁的快速发展，加速了世界高铁建设速度，全球高铁迈入新的里程碑。

党的十九大报告明确提出继续实施区域协调发展战略，实施西部大开发、东北等老工业基地振兴、中部崛起和东部转型升级的发展战略，区域发展协调性显著增强。其中交通运输方式的不断改进与创新对加大区域之间的联系、降低运输成本、提高运输效率，实现区域协调发展具有重要意义。《国家新型城镇化规划（2014—2020年）》也明确提出"强化城市群之间交通联系，加快城市群之间交通网络体系建设，发挥综合交通运输网对城镇化格局的支撑和引导作用"。随着我国综合国力和收入水平的稳步提升，居民对交通运输快捷舒适、经济便利和安全可靠的要求越来越高，高铁作为综合交通运输体系和主要交通干线之一，正是适应了居民这种需求和时代的要求而产生。回顾我国高铁十几年发展历程，我国高铁网络化形态逐步完善，2008年我国第一条高铁——京津城际高铁的运营，通过不断引进消化、吸收创新，我国高铁的发展走上了跨越式发展道路，加快了全球高铁的建设速度和规模扩张。到2015年年末，我国已经开通和修建高铁的城市达210多个，其中开通高铁的城市为130个，全国高铁总里程超过1.9万公里[①]，到2020年我国现代化的高铁网络将覆盖人口规模在50万人以上的所有大中城市，并且实现同一城市群内部各城市间2小时交通圈，全国范围内大中城市

---

① http：//www.gov.cn/xinwen/2016-01/18/content_5033647.htm.

之间4小时交通圈①。高速铁路日益成为人们特定空间和特定时间内的出行最佳选择。与其他国家高铁建设相比，我国高铁大规模建设正处于我国经济发展转型关键时期，同时是也是城市空间结构重新整合的关键时期。

高铁的产生和发展压缩了城市间的时空距离，促使经济发展要素在区域间有效流动，拓宽了本地市场，直接提升了国家经济形象和城市发展品质，高铁对城市和区域的发展的影响是一个长期、复杂的演进过程。虽然发达国家，尤其是西欧国家，有一个长期的发展高铁路网的过程，但高铁对城市发展的影响至今仍然没有结论。目前学术界关于高铁的研究更多的是从定性的角度来分析高铁建设带来经济影响，把高铁作为城市经济发展的外部冲击，对城市空间格局、产业结构转型、城镇就业及城市通达性的研究。通过定量的方法对高铁建设及高铁站与城市发展的关系进行系统性的研究文献目前仍较少。

本书正是从上述国际背景、时代背景及理论背景出发，研究高铁对城市经济发展的影响。本书梳理了高铁建设对城市和区域的经济效应，通过计量经济学方法及空间统计分析方法，重点研究了高铁线及高铁站对区域、城市的影响。这既是探讨交通基础设施与城市发展一个新角度，同时也为探索我国大力发展高速铁路提供了新的研究思路。

### 1.1.2 选题意义

**1. 实际意义**

从国外高铁发展来看，高铁运营对沿线城市的产业结构优化转型和提高城镇化水平具有深远影响，有效地推动了城市综合实力的提升，有利于实现城市间产业的合理分工。依托高铁的建设，居民的流动范围扩大了。高铁的开通可以显著提高沿线城市的可达性，引导生产要素在空间上有效配置，形成轴带式经济布局形态。尽管我国高铁建设起步晚，但高铁的效应已经初步显现。京沪、沪杭、沪宁高铁的开通，加速了长江三角洲城市群内部交通网络化的形成，对各城市实现协同发展和错位发展具有重要作用；兰新高铁的开通改变了西部城市经济发展格

---

① 资料来源：《中长期铁路网规划（2016）》。

局,西宁、兰州、乌鲁木齐三个省会城市辐射范围进一步扩大,在区域发展中的地位进一步提升;京津城际高铁的运营,形成了职住分离的通勤模式,推动了京津同城化发展。高铁作为新生事物,对城市经济的作用机理与其他交通方式相似,但仍存在较大差异。分析高铁对城市发展的重要性,有利于居民进一步系统地认识高铁的建设必要性和对城市带来的综合影响;有利于当地政府部门科学地进行城市空间规划和产业规划,变外部资源为自身所用,对提高地方政府利用高铁效率、优化城市空间规划和空间治理具有重要的参考价值。在一定的经济社会发展水平下,高铁的开通对地方通达性的影响并不是简单正面影响,旅行成本的提高可能反而降低要素的流动,潜在旅客对高铁车票的支付能力对这种影响的程度至关重要。高铁的建设可能缩短旅行时间,提高区域通达性,由此促进企业迁移和人口迁移。

**2. 理论意义**

随着对高铁与经济发展、空间格局的影响研究的深入,地理学与经济学的交叉领域实现新的突破,越来越多的学者把空间分析技术、地理遥感数据用于经济学的研究中。全球夜间灯光数据作为一个新的数据来源,越来越多地被用在经济学的研究中。在高铁的驱动下,沿线城市集聚性的发展空间产生裂变,加速城市形成多中心的空间格局。高铁在缩短城际间和区域间的时空距离同时,也拉长了城市内部空间联系,这种城市的新扩张,带来了高铁站点地区、高铁新城与城市建成区等空间复杂的关系。本书利用夜间灯光数据对城市建成区的面积进行提取,并应用该数据研究了高铁对城市经济重心变化的影响,这在城市经济学科的研究中还处于比较前沿的领域,是对目前交通运输方式与经济发展之间关系研究的深化、完善及补充,丰富了城市经济学、区域经济学与交通经济学的相关理论,促进了相关学科融合发展。

## 1.2 研究思路、方法与内容

### 1.2.1 研究思路

基于上述背景和理论分析,本书根据交通运输要素组成,按照高铁线、高铁网络、高铁站与城市经济发展与空间格局的变化逻辑思路展开研究。首先分析了目前国内外高铁发展的现状及特征，通过文献总结出国内外高铁对区域、城市经济发展的影响；其次利用《中国城市统计年鉴》和高铁网所提供的全国高铁路网数据，实证了高铁对我国区域经济一体化的影响，并对实证结果进行了稳健性检验；随后分析了高铁站对城市空间格局的影响，利用夜间灯光数据与城市建成区面积统计数据，提取了我国建成区的影像，并利用空间分析软件，研究了高铁修建对城市空间结构的影响，通过对实际案例的分析，分析高铁新城建设对城市多中心格局的影响；最后总结本书研究的主要结论并对未来城市发展进行展望（见图 1-1）。

## 1.2.2 研究方法

本书研究从我国高铁的发展实际出发，同时广泛借鉴了区域经济学、城市经济学、交通经济学的理论和方法，在分析中，注重实证分析与规范性分析方法相结合，以期解释高铁的建设对区域经济、城市经济发展的影响，并提出未来在高铁时代城市发展的战略调整举措。

**1. 文献分析法**

文献分析法的应用集中在理论依据和高铁的经济效应分析部分及各章节的文献回顾部分。主要对国内外高铁建设的经济效应分析总结，其中包括高铁对城市经济和区域经济的影响以及高铁站对城市发展的影响的文献和相关理论进行梳理和分析，并通过文献研究了解我国高铁发展、高铁对城市经济发展研究的现状，为本书研究奠定理论基础。

**2. 比较研究法**

我国高铁建设及发展相对较晚，尽管发展较晚具有一定的比较优势，但我国高铁的发展仍然面临很多挑战和新的问题。通过比较日本和欧洲一些国家高铁站对城市发展的影响，了解其他国家高铁发展的整体情况，找出我国高铁发展实力和差距，为未来高铁的发展打下基础。通过与国内外其他国家或地区高铁新城发展比较，为我国未来高铁新城的建设和城市空间发展奠定了基础。

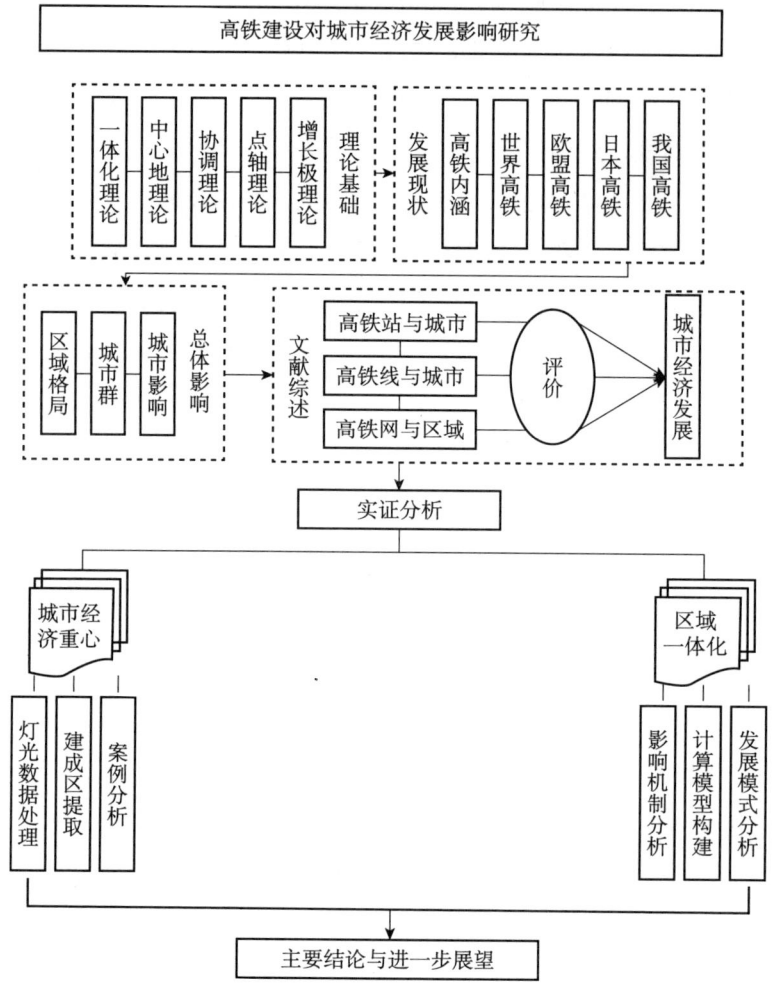

图 1-1 研究的技术路线

## 3. 空间分析法

全国各地级市城市之间交通网络联系数据量众多,运用 GIS 中网络分析方法,构建了基于 O-D 联系网络,通过各城市高铁站与行政中心的百度坐标,提取了各城市间的高铁运行的时间距离,同时进行城市建成区影像提取及城市经济重心变化测算部分;利用 GIS 中管理模块的栅格属性工具集,创建属性表,获得每个阈值下城市灯光数据的面积。根据最佳阈值,使用 GIS 将栅格格式城市建成区边界线，将栅格数据转化为矢量数据，并剔除面积小于1平方公里的异常值，得到城市的建成区图形。利用校正好的夜间灯光数据灯光的强度来测度城市建设的质量及经济重心变化情况。

**4. 实证分析法**

高铁对城市经济发展的影响不仅是一个理论问题更是一个现实问题，本文在实证分析中利用准自然实验法，通过比较高铁开通前和高铁开通后城市发展的差异，开通高铁的城市为处理组，相应的没开通高铁的城市为控制组，同时国家在地方建设高铁时采用了分期的方式，各城市在高铁建设时也存在时间差异，进而可以采用双重差分法计量高铁对城市经济发展的影响。本书在第6章分别采用双重差分研究高铁对区域经济一体化的影响，并通过安慰剂检验、单差分检验了实证分析的结果。

## 1.2.3　内容安排

本书共分为7章，各章的主要内容安排如下：

第1章，绪论。对本书的研究理论与时代背景、理论基础、研究框架及研究的主要思路和研究的方法及难点、创新点、下一步研究方向进行详细的阐述。

第2章，理论基础与文献综述。根据本书的研究主题，本书按照从高铁站对城市发展的影响以及高铁网络对区域经济一体化的影响等研究文献进行综述，并根据当前研究的现状指出未来研究的问题。

第3章，高铁的基本特征及发展现状。首先界定了本书研究对象的概念，分析了高铁作为现代化的交通运输方式，与其他运输方式的比较优势，同时这也是高铁与其他运输方式相比对城市发展影响存在差异的根本所在。同时介绍了世界其他发达国家高速铁路的发展概况及对我国高铁建设的启示，本章最后部分阐述了我国高铁建设现状及未来发展面临的挑战。

第4章，高铁对区域与城市的总体影响。本章通过国内外文献的研读，从高铁对区域经济空间格局的影响及对区域协调发展进行研究；从对城市通达性影响、沿线城市发展格局、城市群的发展分析了高铁对城市经济的影响；从对城市多中心格局的影响、对城市土地开发等方面分析了高铁站对城市的影响。并尽可能地从中选取优点、改进缺点,以探索本书的研究问题。

第5章,高铁站点对城市多中心格局的影响。本章从高铁站点与城市建成区之间的位置关系出发,详细阐述并总结了目前我国高铁站与城市建成区之间的三种关系。通过对夜间灯光数据的处理,提取了城市建成区的面积,并以京广高铁为例,分析了高铁站与城市经济重心变化之间的关系。最后通过国内外高铁站的案例分析,阐述高铁对城市多中心空间格局发展的影响。

第6章,高铁建设的区域一体化效应。通过分析高铁对区域经济一体化的机制,构建了基于市场分割理念的一体化指标,运用双向固定差分法分析了高铁对一体化的影响,并从区域层面、城市群层面对其进行了实证分析,然后对其进行稳定性检验,包括选取城市行政级别变量检验共同趋势假设、改变高铁修建时间进行了安慰剂检验及单差分检验。最后通过具体的案例对高铁的一体化效应进行分析。另外,本章还分区域、分城市级别及选取不同区域的城市群进行一体化效应检验,结果表明高铁的开通与运营对经济一体化还存在一定梯度差异,从细分领域证实了高铁建设的正向一体化效应。

第7章,结论与展望。在归纳总结前文的基础上,讨论了基于高铁的快速发展对未来我国城市、城市群发展的影响。

## 1.3 创新点与进一步研究方向

### 1.3.1 本书创新点

第一,本书研究面临的首个难题是如何搜集零散的高铁数据。由于我国高铁开通时间比较短,统计部门没有系统的数据资料,如何找到一个更详实的高铁线路及高铁站数据,进一步将高铁站的数据与其他统计年鉴数据进行匹配整合,反映高铁建设对城市发展的影响,本书通过网络爬虫的方法与互联网逐一查找、核对的办法,整理了目前我国高铁线的详细信息及相关城市数据。

第二,以行政单元为基础的空间统计数据没有系统的统计信息,很难适应城市空间格局变化的研究需要。本书利用夜间灯光数据处理技术，成功地提取了京广沿线各城市层面的建成区面积，并利用灯光强度的数据分析了城市经济重心的变化，并通过三个距离指标和一个夹角分析了高铁对城市经济重心的影响。

第三，各省份、城市之间的贸易数据是反映一体化最直接的指标，但国内各城市之间没有贸易监督机制，缺乏相互之间贸易数据，最终参考国内外文献构建了基于行政分割的虚拟变量指标来反映区域经济一体化。

### 1.3.2 下一步研究方向

交通运输是经济发展的重要支撑。高速铁路的发展是适应我国经济发展的需要，是市场经济条件下最优的运输方式之一。高铁对城市经济必将产生积极的影响，这也是本书始终贯穿的主题。在本书的研究过程中，我国高铁的建设及运营效应已经初步显现，在以后的研究中可以沿着以下思路进行深入研究：

第一，高铁的开通促进了生产要素的集聚和跨区域的流动，对沿线城市尤其是大城市（终点或始发）的集聚效应最明显。由于开通高铁城市的可达性的提升，会对未开通高铁的城市形成一种"虹吸效应"。本书并未考虑高铁的开通对边缘性城市的影响。未来应从高铁开通对沿线城市及对未开通高铁城市综合效应的角度客观评价高铁对城市的影响。

第二，研究高铁对城市的效应，目前大都采用的是虚拟变量，采用自然实验的方法对其进行评估。但在实证过程中如何处理内生性问题是关系到自然实验法是否能够更合理地评价其效应。本书在研究过程中，分别利用了历史数据和 GMM 的方法对其进行处理，但仍值得商榷。高铁带来大量人员的快速流动，高铁的开通实现了铁路线的客货分离，如何通过这些客观的数据，构建数理模型对高铁的经济效应进行分析，是本书下一步应着重考虑的问题。

第三，本书利用夜间灯光数据并根据统计数据对城市建成区面积进行提取，并分析了高铁对城市经济重心变化的影响。但在夜间灯光数据处理中免不了出现一些误差，最合适的办法是通过各城市规划部门的建成区规划图替代，但受时间和精力的限制，本书并没进行这样的尝试。高速铁路要想发挥最大的功效，必须处理好与其他交通运输方式之间的竞争与协调关系。受技术及数据的限制，本书对高铁与其他交通运输方式之间的协调关系研究的较少。未来在研究中，可以结合不同交通运输的辐射范围和经济优势，深入分析不同运输方式之间的关系，为高铁线路和枢纽的建设及城市交通发展规划，提供参考。

# 第 2 章　理论基础与文献综述

高铁对区域和城市及城市群具有重要影响。按照从高铁站对城市发展的影响以及高铁网络对区域经济一体化的影响等研究文献进行综述，并根据当前研究的现状指出未来需进一步研究的问题。

## 2.1 理论基础

高速铁路建设对城市发展的影响这个问题的理论研究，可以从城市经济学和区域经济学中发现理论依据。经过梳理以后，早期的区域经济学理论，包括增长极理论、点轴开发及网络开发理论、中心地理论、区域空间一体化理论及土地开发理论都与本书所研究的问题有着内在关联性，都从不同的角度提供了理论依据。因此，从上述理论进行论述，对本书的研究具有较强的指导意义。

### 2.1.1 增长极理论

在现代区域经济发展过程中，增长极理论被广泛作为指导区域经济发展的核心理论之一，并逐步成为促进区域经济发展的理论依据。增长极理论最早是由法国经济学家佩鲁在1950年正式提出的，后来经布代维尔、缪尔达尔、赫希曼等人不断完善①。该理论认为一个国家或一个地区乃至一个城市经济增长不是在均匀空间下进行的，而是最早出现在具有不同强度创新水平的特殊增长点或增长极上，主要是指企业或产业。一般来讲，这些关键点的增长速度较快、实力较强，也是创新源头。该理论描述了一个国家或地区空间结构或经济发展从"均衡—不均衡—相对均衡"的过程②。增长极对周边区域会产生两方面的影响，一种是"极化效应"，即增长极自身的发展对周边区域生产要素具有吸引作用，而对周边地区的发展起到了抑制效应；一种是"扩散效应"，当增长极发展到一定规模后，增长极遵循中心地等级扩散原理，通过辐射效应、扩散效应、乘数效应，从高一级中心城市逐步向低一级地区扩散。增长极就是通过极化和扩散效应，最终实现区域经济的均衡发展。增长极对周边区域的影响及联系主要通过密集的交通网络实现。交通网络越是发达，周边地区的生产要素向增长极的流动越快，增长极的发展也就越快；当增长极点发展到一定规模后，扩散效应开始显现，同样交

---

① 安琥森. 增长极理论评述 [J]. 南开经济研究，1997 (1)：31-37.
② 刘杰. 增长极理论对菏泽区域经济发展的启示 [J]. 经济地理，2010 (12)：1961-1965.

通网络越是发达,扩散效应发展得越快。

## 2.1.2 点轴开发与网络开发理论

点轴开发理论是在吸收增长极理论、梯度转移理论、中心地理论基础上形成的。点轴开发是区域空间一体化的前提条件,在区域经济发展过程中,各类生产要素首先要在"点"上集聚,然后由线状的基础设施联系在一起,包括网络信息通道、公路、铁路和管道等,形成连接各点发展"轴"。其中"点"是指区域范围内的城市,作为点轴的开发中的"点"大都集经济中心、交通中心、行政中心及创新中心为一体,是辐射带动能力较强的城市,即"增长极"。"轴"主要是指交通干线、河流干道及通讯网络等基础设施(陆大道,2002)。主要轴线上的各经济生产要素在轴线上集中,轴线上的产品、信息、人员、技术等要素通过扩散效应作用于周边区域,促进沿线城市之间密切联系,具有较为密集的运输网把各节点结成网络,缩短了城市间时空距离。当主要轴线及其轴线上点开发成熟后,开发重点主要集中在建设点轴及其腹地范围内交通网络,加快主轴和次轴之间、大城市和周边城市之间的联系,由点轴向外扩散,逐步改善区域内部的空间结构和产业结构。

高铁建设促进经济一体化发展主要体现在"轴"上,高铁线本身就是一个"发展轴",即交通经济带。未来,我国将形成"八纵八横"的高速铁路网,其中点轴开发中的"点"主要是指沿高铁线分布的大中城市或大型都市圈,这些节点以高铁线为发展轴,通过高铁线把多个城市连接起来,形成了一个具有高通达性的区域走廊。高铁这种高速度、大容量的交通运输方式,一方面扩大了沿线各城市生产要素的流动范围,密切了城市之间的联系,打破了城市由于地理位置较偏形成的自然分割和行政分割,强化了城市间的相互作用;另一方面,高铁对城市可达性的提升,周边区的生产要素开始向沿线大中城市集聚,在循环累计效应的作用下,集聚力量不断增强,最终形成以大中城市为核心的城市群及以高铁线为主轴的高铁产业经济带。当规模达到一定程度时,为避免集聚带来的土地升值、劳动力成本高、环境污染等规模不经济现象,集聚在大中城市生产要素又会沿着高铁线向周边地区扩散,进而推动整个区域经济的均衡发展。

总之，交通网络的完善与城市经济发展之间的作用是双向反馈的。高铁网络的发展引导城市空间格局发生着演化，城市经济发展又客观影响着高铁网络建设的空间布局。在城市发展过程中，两者相互影响、相互制约，形成一个闭合的循环。

### 2.1.3　中心地理论

生产者为分散在不同城市的消费者提供自己生产的各种产品，运输费用将导致他对消费者实施不同的市场权力。一个生产者的市场范围总是限制在一定的区域内，当市场上有效的价格（出厂价与运输费用）在一定距离范围内过高时，产品的消费市场就大大缩小甚至消失。中心地理论把这个生产者的市场区边界称为市场中的"上边界"。[①] 如果成本是固定不变的，那么生产者需要一个最低限度的销量才能进行生产而不至于利润为零乃至亏损，这个最低限度就是市场中的"下边界"。当运费变低时，消费者购买市场中的产品的价格会变得相对低，更愿意购买距离更远，所消费的产业选择种类会更多，此时消费者的市场区的上边界会扩大。当各个市场区的上边界刚好相切，每个生产者供给市场的最低生产量，利润为零时，构成了一个六角形市场区，该市场区所有面积内的消费者都能以最小的运输费用得到所需产品。高铁作为快速便捷的大通道，缩短了时空距离，扩大了区域内核心城市的影响半径，逐步打破城市之间行政分割的藩篱，对促进沿线地区人口快速流动和人口集聚以及对沿线产业带的形成均具有显著作用。

### 2.1.4　区域空间一体化理论

区域空间组织理论是由贾内尔于1969年提出的。该理论认为区域空间组织结构的演化与交通技术的不断创新是密切相关的，交通运输条件的改进是空间组织结构变迁的重要推动力[②]。经济活动的扩张会增加城市之间的交流与交通需求，这种需求通过交通技术的创新，压缩城市之间的时空距离来实现。时空收缩

---

[①] 李小建. 经济地理学 [M]. 北京：高等教育出版社，2006.
[②] 陈秀山，张可云. 区域经济理论 [M]. 北京：商务印书馆，2010.

将会导致城市出现集中化或专业化,从而使那些可达性更高的城市获益更多。那些经济实力较强的城市之间由于可达性的提高,相互作用水平会进一步提高。而那些较小、地位较低的城市则有可能逐渐被边缘化。由于任何区域总会有空间范围限制,大城市之间空间格局的重构最终总会有发展的机会,进而会把相对落后的区域纳入大城市相互作用的范围内。全国范围内经济的持续发展,会导致区域内部的空间系统重新耦合,城市或区域的发展边界日益模糊,城市功能相互融合,加快经济社会全面一体化进程。根据生命周期理论,高铁对区域经济一体化的发展可分为:

(1) 在区域经济发展初期,连接各城市的交通方式比较单一,各城市之间的客货交流障碍比较大,客货流量较小,且各城市呈孤立分散、无等级体系状态。每一个城市分别坐落在一个小范围内,辐射范围仅局限于城市所辖区域,经济增长在区域范围内封闭式循环。随着新型交通运输方式的建设与运营,拥有高素质的人才、高技能的劳动力大量迁入区位条件比较优越、生活环境较好、资源禀赋较强的大中城市,这些城市成为新的增长极,这时区域内原有的城市体系、人口和生产力的布局被打破,整个区域范围内的经济由一个大城市支撑,边缘城市可能长期停滞,区域经济呈现不平衡的发展态势(见图2-1)。

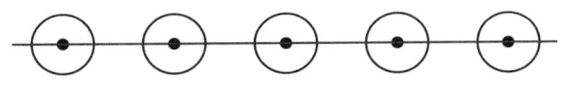

图2-1 空间一体化发展初期

(2) 区域经济起飞发展期。随着交通运输方式和交通运输能力的不断提升,城市之间的交流日益密切,市场信息逐渐在更多的沿线地区共享,城市之间的产业链、产业分工逐渐明显,城镇数量和实力迅速增强,人口进一步向沿线城市集聚。在该时期,大城市经济中心的地位进一步增强,辐射范围明显扩大,边缘性的城市被纳入整个经济体系中。在该阶段,生产要素通过交通干道仍以向大中城市集中为主,城市规模进一步扩大,对周边形成更大范围的凝聚力(见图2-2)。

(3) 区域经济成熟扩展期。大容量、高速的综合交通运输通道逐步形成,交通运输能力的进一步增强,城市辐射范围扩大,大中城市功能日益完善,部分功能开始向周边沿线城镇疏解,区域内部城市职能分工和联系更加明确,部分大

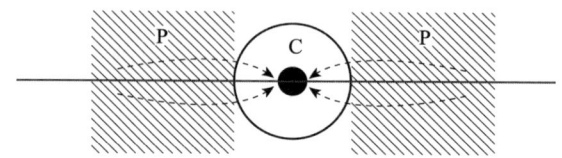

图 2-2 空间一体化起飞阶段

城市开始出现郊区化,城市之间的界限开始衔接,城市连绵区开始出现,经济辐射范围不断扩大,并以等级扩散的方式沿高铁线对周边城市发生作用。同时在大城市之间的边缘区域依然存在贫困落后的问题(见图 2-3)。

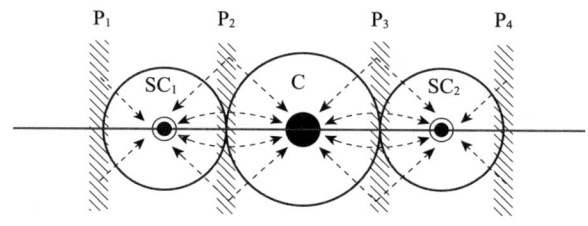

图 2-3 空间一体化成熟阶段

(4)融合消失期。融合消失期主要是指城市间界限日益模糊,逐步融为一体,各城市辐射范围相互交叉,城市连绵区随着网络化交通设施的逐渐完善开始成型,城市空间体系逐步走向合理化和科学化,城市间或都市圈间的空白地带纳入城市连绵区发展过程中,城市之间的欠发达地区消失,更大范围内的经济共同体得以重构。国家一体化与区际差异最小化等空间组织目标已经实现(见图 2-4)。

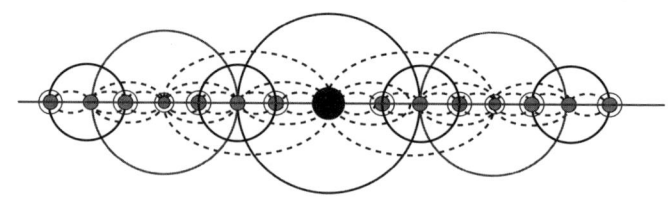

图 2-4 空间一体化实现阶段

## 2.1.5 高铁与土地开发理论

高铁的开通提高了土地的可达性,在轨道交通的轴线或高铁站周边,其土地的可达性达到峰值,沿着轴线两侧向外则依次呈递减规律。首先,高铁的开通提升了沿线的可达性,高可达性的特征使周边区域居民的出行更倾向于居住在便利的交通枢纽周围,随着居民数量的不断增加,巨大的商业需求促进了投资开发向人口集中的区域集聚,增强了土地的开发强度,改变了城市的空间形态。同时在交通枢纽影响范围内的土地利用强度呈现出一定的梯度,即随着与车站枢纽的距离增加,土地的开发强度逐渐降低。其次,从微观上主要是站点对空间形态的影响,各站点形成紧凑的环形用地布局模式,并沿着站点及主干道呈同心圆向外扩展,在高铁线两侧的功能主要是商业、金融等高附加值的用地;随之是办公用地,中间区域是居住用地,在最边缘分布的是工业用地。最后,高铁的建设提高了土地价值,主要是轨道交通的运营,提高了交通便利度,缩短了沿线土地到城市中心的距离,节省了通勤时间和通勤成本,通过改善土地的区位条件,加强了沿线土地之间的相互联系,通过交通引导城市发展,提高土地集约利用率,提高了土地价值。

## 2.2 高铁站点与城市的发展

关于高铁站区目前仍没有一个统一的定义。Schutz(1998)根据到达高铁站的时间距离变化,对高铁站区分为三种类型。第一类是步行5~10分钟的区域;第二类是通过步行或其他交通工具到达高铁站小于15分钟,当然包括换乘的时间;第三类是到达高铁站大于15分钟的区域。第一类由于距离高铁站最近,因此获益也最大,土地和房地产的增值最大。从国内外高铁站的发展规律来看,高铁车站对城市发展的影响包括:一是高铁车站的布局强化了已有的城市中心;二是拓展了城市发展空间;三是高铁车站对其周边土地开发的影响。

### 2.2.1 强化了已有的城市中心

高铁站点作为城市多增长极形成过程中的重要节点(Hirota, 2014; Knaap, 2001),对引发城市空间拓展和经济转型具有重要影响。往返于不同城市间的人流汇集于此,形成庞大的人流、物流和信息流的集聚区,促使车站附近住宅及商业设施高度集中，带来城市土地价值的上升；同时围绕高铁站会形成以高铁站为中心的次级城市内部交通循环体系，优化城市综合交通格局，提升城市发展品质。Bertolini（1996）认为，欧洲高铁站修建在市中心，作为城市发展的重要节点（连接的功能）和场所（毗邻有价值的土地）的特征使他们形成城市新的增长极，并不断巩固这种地位。Pol（2002）认为，高铁是促进区域一体化的重要动力，由于欧洲大陆城市高铁站大都位于城市中心，因此快速、密集的高铁网络增强了城市外部要素直接进入城市中心的能力。Eric Pels，Piet Rietveld（2001）发现欧洲许多高铁站是由原来老火车站改造而成的，大多高铁站都位于老的城市中心，高铁带来大量人流、物流的汇集于城市中心，改善了城市中心商业运行环境，出现了大量的产业价值链上游的经济活动，进一步强化了城市中心的核心地位。Audic（1992）发现法国南特市抓住高铁站修建的机遇，进一步完善了城市中心区附近的基础设施，改善了中心市区的品质，增强了城市中心区的辐射能力和凝聚力。通过对原有厂区的改造，吸引了大批具有综合服务功能的高端酒店及科技研发办公企业入驻，促进了城市产业结构向高端转型。Ming（2015）认为围绕高铁站会形成圈层开发模式，其中核心圈层是以高铁站为核心区，半径在800米以内的功能区，在该圈层内主要为旅客提供各种旅行配套服务，主要布局的产业有宾馆、旅游咨询及快餐服务以及部分高级商务、金融等功能。第二层为扩散影响区（服务半径大约为1.5公里，距离车站10~15分钟），是核心区的拓展和补充，各种功能布局随着距离的增加与车站的联系逐渐减弱，逐渐向一般城市空间结构、土地开发过度，主要布局居住、教育、商务办公及配套混合功能；第三层为外围影响区（服务半径为1.5公里以外地区），在该范围内基本恢复正常的城市功能布局和开发，各种产业布局与高铁站基本没有明显的联系，主要布局城市的对外服务功能，如研发、教育、居住、医院等功能。

## 2.2.2 拓展了城市发展空间

高铁枢纽通过节点和场所功能对城市空间发展发生作用，对节点功能的车站来讲，城市各种交通设施在此汇聚，可以实现于公共交通的无缝衔接，在很大程度上解决了由于距离城市中心较远带来的交通不便问题。作为城市对外交通，高铁站吸引了外来的物质流或非物质流在此集聚,进而吸引更大规模的经济活动向城市集聚,进一步拓展了城市新的发展空间;对高铁站的场所功能来讲,与高铁站相配套的各种城市服务功能日益完善,形成新兴的城市发展区域即高铁新城,通过公共交通与城市其他功能区连接,加快城市形成多中心的增长格局(见图 2-5)。

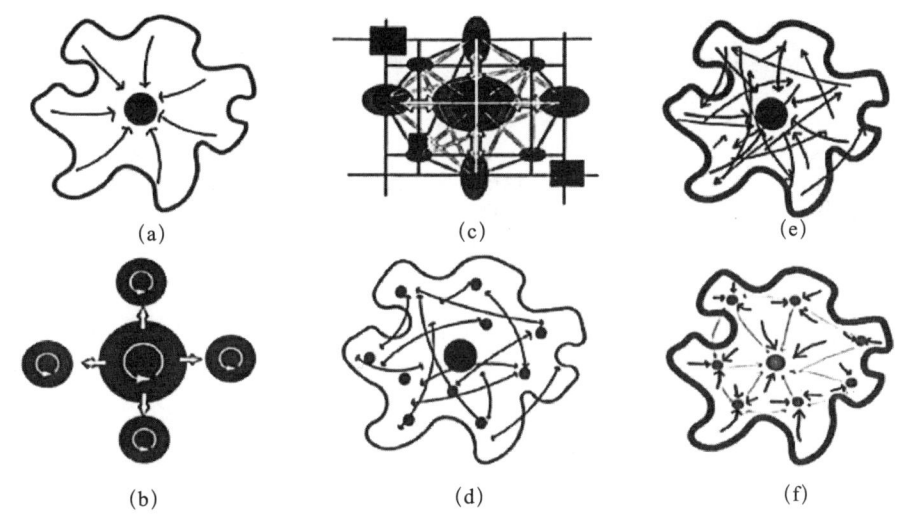

图 2-5　区域规划中的多中心结构与交通体系

资料来源:王兴平,朱秋诗. 高铁驱动的区域同城化与城市空间重构 [M]. 南京:东南大学出版社,2017.

把交通系统看作发展"轴线",交通枢纽看作增长的"点"是对点轴理论的扩大和延伸,促进城市多中心的形成,如高铁线路是高速运动着的动态部分,它连接着重要的节点城市,并通过设置在城市中的高铁站完成转换与链接,为避免高铁站周边区域与城市其他功能区隔离,需要在他们之间建立便利的交通完成高铁站区与其他城市中心的高效连接,高速铁路线上的空间就形成了由"轴线"串联"点""点"辐射、连接"区域"的发展格局。这是一种斑块状的聚集性的连接,沿线附近的城市空间并不是均匀的发展,而是向各个点方向聚集、迁移。由于交通枢纽的集聚效应,城市空间随即围绕节点进行布置,物质流与非物质流进一步向更密集的节点地区进行集聚(见图 2-6)。

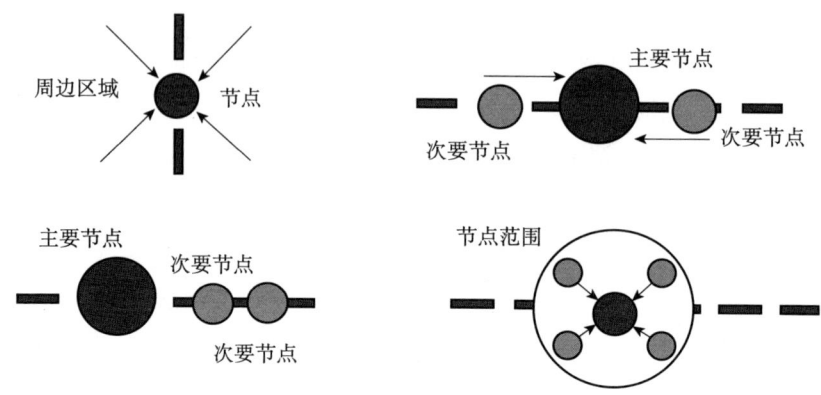

图 2-6 城市集聚的主要形式

资料来源：王兴平，朱秋诗. 高铁驱动的区域同城化与城市空间重构 [M]. 南京：东南大学出版社，2017.

## 2.2.3 高铁站对城市土地开发的影响

高铁站对城市土地开发影响的理论最早可以追溯到冯·杜能模型中的竞租理论，那些位于高铁站周边的地区，由于各种交通在此汇集，形成了高可达性的区域，通过各种交通方式与周边地区相互连接，吸引了各种人流和企业到此集聚，以高铁站为核心，沿着高铁线或城市主干道形成了典型的点轴土地开发模式。从我国高铁修建的背景来看，高铁对城市土地开发的影响绝不同于传统铁路的影响，原先围绕火车站布局的大都以餐饮、住宿为主，随着我国城市化进行的不断加快，城市生活品质需要进一步提升。从乘坐高铁的人流构成来看，主要是一些高级知识分子以及对时间敏感性较高的企业管理人员。因此，围绕高铁站将重点布局那些高端的酒店、餐饮和商务办公租赁等生产价值高的企业。为满足这些人员与企业的入住，当地政府有必要从长远发展来规划周边的土地利用，把那些处于低端、价值低的产业向外迁移，为那些价值高的企业置换出更多的土地，提升城市品质。

土地价格的上升与该地块的可达性密切相关。高铁的建设与开通对城市土地价值的升高具有一定的预期和带动效应。尤其是高铁站点周边的地块，随着高铁的开通，以高铁站为核心的土地无论从土地性质还是土地的可达性方面来看，都将得到大大的改变和提升。由于高铁的特性，围绕高铁站往往会形成一些高端的商务服务业，如高端写字办公楼、旅游咨询等产业。通过国内外文献及实践考察可知，以高铁站为核心的土地开发将形成典型的"圈层"开发模式。由于高铁带来的更多是客流的集聚与流动，因此高铁的效应不同于普通铁路的影响，因此高铁的开通对周边环境的影响会比其他的交通运输方式更小，进一步会加大土地开发密度，促使土地集约利用。高铁的开通加强了城市间的相互联系，加快城市间形成合理的产业分工，容易形成土地开发的错位效应，能最大效用地利用城市土地，实现土地开发效益最大化。Schutz（1998）以高铁站为核心，通过把其周边土地进行圈层划分，构建了土地空间开发模型，并根据产业的布局特征和功能，分析了高铁站对城市产业及土地发展的影响。郝之颖（2008）把高铁站的空间效应分为三个区域，并详细分析了三个区域内部的产业功能布局及土地开发情况，认为以高铁站为核心的土地开发格局可以分为站点服务区、铁路拉动区及间接催化区。Piror（2001）认为，土地的价值与其周边的配套服务设施有关，如绿化、教育，尤其是小学、生活服务设施及交通枢纽，通过把交通因素加入特征价格模型中，证实了新干线的开通对其周边土地升值具有正向效应。林辰辉（2011）通过对我国高铁站周边土地开发情况的梳理，认为高铁站所在城市的经济实力、高铁车次及高铁站的客流量是影响高铁站周边土地开发强度的重要因素，认为高铁的开通带来的可达性的提升对城市整体土地价值的上升具有重要意义。王兰（2014）以京沪高铁沿线城市为研究对象，分析了高铁站的选址对城市经济重心的影响，结论表明高铁站与城市发展之间并不具有明显的正向关系，这主要与高铁站与城市中心的位置、距离及其他外部因素影响有关。宋文杰（2015）通过计算我国已开通高铁城市高铁站到城市核心区的距离，认为高铁站对城市的影响与城市规模大小有密切关系，当地政府应进一步加强高铁站与城市中心区之间的公共交通建设，提高高铁站的利用率。赵倩、陈国伟（2015）研究了京广沿线高铁站到城市中心的距离与城市土地利用之间的关系，结论表明高铁站距离城市中心越近，则城市土地开发强度越高，同时高铁站对城市规模的扩张作用也越明显，那些距离城市中心较远的高铁站，由于公共交通相对滞后，高铁站并没有发挥其应有的作用。林晓言（2015）对我国高铁站周边的土地开发权进行了总结，认为要想提高高铁周边的土地价值，应像城市内部交通那样，按照谁开发谁受益的原则进行建设，才能最大程度上发挥高铁的效益。窦迪（2012）根据杜能的圈层理论，对我国高铁站周边的土地开发及产业布局进行了总结，并对未来提高高铁站周边土地开发强度及产业的布局提出了政策建议。

### 2.2.4 高铁站对城市交通节点的影响

高铁建设标志着我国铁路建设跨越式发展时期的到来。高铁的建设不仅有利于铁路部门运营效率的提高，而且对我国运输体系的优化和现代化都具有重要影响。高速铁路开通后，不仅仅是增加城市一个交通节点，更重要的是还能对城市所有交通节点进行整合与优化。这主要表现在替代效应方面。高铁具有输送能力大、速度快、安全性好、正点率高的优势。高铁的开通提高了运输质量，诱使乘客从其他交通方式转移到高铁，从而导致高铁站的客流量增加，而其他运输节点的客运减少，在各种交通的客流量的变化中，进而对运输市场重新分配。从国外高铁的发展来看，日本新干线开通后，速度比原有铁路提高了将近一倍，迫使东京到名古屋多架航班停运；德国 ICE 高铁的运营，使汉莎航空的票价大幅度下跌，航空公司把大量中短途的乘客让给 ICE（罗鹏飞、张楠楠、徐逸伦，2005）。京津城际高铁开通后，有将近48%的乘客来自于普通铁路，26%的来自高客，19%的来自私家车，还有3.1%来自出租车或其他运输工具（侯雪等，2011）。高铁优势主要体现在200~1000公里范围内，在该距离内高铁对传统铁路和航空运输的影响最大。京沪高铁开通后一年内，在调查的1390名乘客中，其中50%的乘客来自普通铁路，5%的乘客来自民航，45%的乘客来自高客或私家车（Bullock et al.，2012）。分运率是表示高铁客运替代效应的重要指标之一，它表明各种交通工具在市场中所占的份额。张铱莹，彭其渊（2006）选取武广高铁沿线武汉、长沙、衡阳、广州等城市，对高铁的分运率进行分析，结果显示武广高铁对高速公路客运的分运率为7%~17%；对普通铁路的分运率为8%~12%；对民航的分运率为22%；对普通公路的分运率为8%~12%。可见，高铁对不同交通运输方式会有不同的影响，其中对高速公路、普通铁路、航空的冲击最为明显，对其他运输方式的冲击也是客观存在的。

## 2.3 高铁对区域经济一体化影响

关于国内市场经济一体化的研究大多集中在我国国内市场是走向一体化还是非一体化的问题。其中认为我国存在严重市场分割的较为有代表性的观点是杨（Yong，2000），他认为我国存在严重的市场分割问题的主要原因是由渐进式改革造成的，长期的以行政划分为格局的经济发展模式，使各级政府为获得利益最大化开始设置各种贸易壁垒来获取租金，进而保护本地市场。Poncet（2002）利用边界效应，他研究了1987—1997年我国国内市场分割问题，认为我国改革开放推动了国内经济一体化发展，但受到行政体制的影响，我国省际之间的贸易壁垒仍然存在，与其他国家相比，国内的一体化程度反而呈现下降的趋势。樊纲（2003）通过构建区域市场化指标体系，对1999年和2000年全国各省的市场化进行评估，结果显示全国各省之间市场化程度呈现明显的梯度效应，由东向西其市场化程度依次递减。陈敏、桂琪寒等（2005）通过构建商品零售价格指数度量区域间市场分割程度，结果表明全国层面上的商品市场存在过短期的市场分割现象，但随着时间的推移，全国各区域和城市一体化趋势不断加强。赵永亮、才国伟（2009）基于新经济地理学模型，构建了基于工资水平的三区域间的市场潜力指数对国内外经济一体化进行研究，结果表明国内经济一体化与外部经济一体化两者相得益彰。

交通基础设施与经济发展的关系一直是国内外经济学家研究的热点话题之一。交通枢纽的发展依赖于城市规模和城市人口的大小，同时受城市区位的影响，交通枢纽在国家发展战略中的位置也大相径庭。新建交通枢纽带动了优化了城市现有的交通运输条件，同时促进了城市工业化和服务业的转型。跨区域的交通基础设施通过提高通达性，加强了城市间相互合作与分工，助推区域经济一体化进程。国外学者关于高铁的与经济一体化效应有了初步的研究。Aschauer（1989）通过构建新古典经济增长模型，得出了交通基础设施诸如高速公路、机场、水运等核心基础设施对经济增长具有显著的推动作用，后来这一结论在许多发展中国家得到广泛应用。Blum 和 Haynes（2007）研究表明高铁的开通运营提高了城市的通达性，创造了新的廊道经济。这种廊道效应可以通过短期、中期和长期效应表现出来。从短期来看，高铁实现了城市间商品和服务市场的一体化，同时也带动了城市居民购买范围的扩大，促进了购物市场和私人休闲、服务市场的一体化程度。从中期来看，高铁的建设扩大了企业和家庭的区位选择，使他们沿着高铁廊道重新布局，企业可以在更大范围内寻找优质的工人，劳动者也可以在更大范围中提供劳动力，进而提升企业—职工的匹配质量。从长期来看，高铁带来的城市分工与协作，促进长距离的生产与贸易，加快地区专业化生产。Sasaki 和 Ohashi（1997）研究表明，从长期看高铁线对沿线城市带来的仍是集聚力，当大城市集聚超过一定规模后，才会沿着高铁线疏解部分产业和城市功能，最终实现大中小城市一体化发展。Ortega（2014）研究表明高铁对城市通达性的影响受到城市规模大小的影响，并呈现明显的差异。高铁带来的廊道效应，使城市间的便捷日益模糊，改变了城市空间地理格局，进而促进一体化发展。Puga（2001）提出，高铁对那些时间敏感的人群效应最大，如高级知识分子、公务和商务人员的价值最高。受到高铁影响最大的企业也主要集中在那些处在价值链高端的企业，如研发、管理等环节。

改革开放以来，全方位、多层次的国内外区域合作在更大范围内逐步展开，以寻求规模经济。交通基础设施与区域经济一体化之间的关系受到国内学者的广泛关注。张学良（2010）、杨维凤（2010）研究表明目前我国高铁开通时间仍较短，关于高铁的经济效应和空间溢出效应仍沿用交通基础设施的理论和经验，与国外相比，需要根据我国高铁建设的背景和条件系统分析高铁带来的影响。刘生龙、胡鞍钢（2011）从贸易的角度分析交通基础设施对省际间货运周转量的影响来研究交通基础设施的一体化效应，结果表明省际间贸易一体化存在明显的边界效应，并且随着距离的增加贸易量呈现递减规律。但高铁作为客运的主要交通方式，采用贸易流与投入产出量相关指标并不适合分析高铁带来的一体化效应。张鑫曦（2010）发现，高铁的开通对线路始发站与终点站以及沿线的大中城市的影响最明显，促使这些大城市的产业、资金、人才沿高铁线重新布局，同时也加快了这些城市居民思维方式、生活习惯的转变，城市间的沟通效率得到很大提升，最终结果显示沿线大城市的集聚力越来越强,周边中小城市的优质资源不断向大城市集聚以追求更高的生产效率。林晓言(2015)认为高铁形成了高通达性的廊道效应,沿线各城市在廊道范围内重新布局城市功能,优化经济要素在空间上重新配置。金凤君、焦敬娟、齐元静(2016)提出目前我国高铁的建设更多的是从经济效益角度出发,为原本就是发展实力较为雄厚的城市或区域间实现同城化和一体化创造了条件。杨维凤(2010)研究结果表明京沪高铁的开通拓展了京津冀和长江三角洲城市群的辐射范围,对加快京津冀城市群与长江三角洲城市群的相互融合,有利于城市间形成错位发展;吴昊(2010)指出京津城际高铁的开通,形成了两个城市间城市居民的职住分离的通勤模式,对实现同城化和京津冀一体化奠定了基础。齐子翔(2015)基于新经济地理学构建了两区三部门模型,认为交通基础设施的改善提升了区域间的贸易自由度,但要实现经济一体化必须使由交通设施产生的向心力与离心力超过某一个阈值,而高铁的建设将加快城市间人力资本的自由流动,降低贸易的摩擦成本,加快一体化进程。

新古典经济学分析的框架是建立在理性人和均质的地理范围对问题展开论述的。随着新贸易和新经济地理学的兴起,在贸易过程中起到至关重要的交通成本逐渐成为研究的关注点。20世纪90年代,以克鲁格曼、藤田等新经济地理学家把传统经济学忽视的空间因素纳入分析框架中,构建了基于不完全竞争理论的"核心—边缘模型",为分析交通成本与经济空间格局之间的关系提供了新的理论框架和新方法。新经济地理学认为在产品贸易过程中存在冰山成本,也就是在运输过程中损失的部分,即为交通成本,交通基础设施的改善,加快了商品和服务在城市间的流通速度,在很大程度上减少了运输时间,节省了运输成本,进而降低了贸易成本(Krugman,1980)。新经济地理学强调的向心力和离心力在交通基础设施改善的条件下,形成新的城市空间格局,对改变城市规模和城市体系具有重大影响(王雨飞、倪鹏飞,2016)。在向心力和离心力的作用下,高铁通过改变城市通达性,在短期内推动经济要素向大城市集聚,增强城市的极化效应;在长期内,随着网络化的交通网络日益完善,大城市的功能开始向周边地区疏解,更多表现的是"扩散效应"或"离心效应"。(Spiekermann,Wegener,1994;Vickerman,1997;张学良,2012;张克中、陶东杰,2016)。两个区域间的空间距离是存在的,在存在地理空间的情况下,要实现区际贸易就必然发生产品或者服务的位移,就需要交通运输,并且区际贸易量的大小还要受到交通运输规模的限制,因此一些区际贸易不可能发生。两个区域间商品存在价格差的情况下,通过区域贸易可以消除区域商品间的价格差,结果是一个区域由于外来商铺的进入价格降低,但是将产品从一个区域转移到另一个区域的过程中,需要花费一定的费用。因此,只有当运输费用小于两个区域间的商品价格差距时,区域贸易才成为可能,运费足够大时,即使两个区域价格差距较大,区域贸易也难发生。在引入空间距离后,由于运输成本、运输时间、运输规模、交易费用等因素的制约,区域贸易量会小于古典经济学所估算出的贸易量。

## 2.4 文献述评

围绕综合性交通枢纽形成城市新发展空间,在一定程度上改变了城市内部功能布局。以高铁枢纽建设为契机,加大对城市低端产业的疏解,合理规划高铁站周边的土地开发和功能布局,对提高城市发展品质和提升城市竞争力具有重要作用。围绕高铁站形成的放射状交通路线,为城市多增长极空间格局的形成和引导城市空间发展方向具有推动作用。但目前我国缺乏以行政单元为基础的城镇用地面积的统计信息,难以从更大层面对城市空间格局或经济中心的变化进行研究。而在实际应用中,NASA 提供的这种稳定的灯光数据,为我国学者进行建成区面积提取提供了较为客观和实效性的数据。

众多研究成果表明高铁站、高铁线建设对优化城市空间格局和促进经济一体化进行都有加速作用。我国学者关于交通基础设施建设的经济一体化效应也进行了大量考证与研究,但其研究大多关于区域经济一体化的内涵、机制分析及一体化特征等,基于实证研究的文献少之又少。从科研的角度和深度来看,关于交通基础设施与区域经济一体化更多倾向于说理和经验性分析,很少从区域经济学角度、交通经济学角度展开论述。尽管从理论上讲高铁的建设对区域经济一体化具有促进作用,但之前研究成果所利用的数据限于技术和搜集等问题,对深入研究高铁的一体化效应参考价值有限。从区域划分理念出发,通过构建一体化变量,利用双重差分法实证高铁的一体化效应，丰富了交通基础设施对经济发展支撑作用研究的文献，为加快高铁修建提供实证支持。

## 2.5 小结

本章对全书研究的问题进行了文献梳理并指明了本书研究的主要方向。基于目前我国高铁建设时间较短，从宏观研究高铁对经济发展的影响存在一定的约束。本书根据高铁的组成要素，高铁站、高铁线及高铁网络，从中观、宏观、微观三个视角系统分析了高铁对城市经济、空间发展的影响。高铁作为跨区域、跨城市的交通主干道，高铁站作为城市综合交通枢纽，不仅具有节点作用，同时也承担着城市多中心增长极功能，如何从空间层面探讨高铁对城市经济重心的转移，也是高铁影响城市经济发展的重要方面。随着我国高铁建设的不断推进，高铁网络日益成熟，高铁作为城市之间联系的重要通道，缩短了城市间的时空距离，但高铁对城市经济的影响受到城市规模、城市发展品质等因素的制约，因此从宏观层面探讨高铁对城市之间经济联系也是必须面对的现实问题。

# 第 3 章　高铁的基本特征及发展现状

# 第 3 章 高铁的基本特征及发展现状

## 3.1 高铁概述及其基本特征

### 3.1.1 高铁概述

每一种交通方式的兴起与发展都带来社会的进步,高速铁路的开通及运营对社会经济各方面都产生深远影响。通过压缩城市间时空距离,增加城市之间的交流频率,它为城市发展带来了一系列的连锁反应。高速铁路作为现代化的大型交通运输工具之一,但什么样的铁路才可以称得上高速铁路呢?从高速铁路的发展历程来看,高铁仅从速度来定义是不够的,还应从其技术条件和配套设施来综合界定。目前关于高铁的定义国际上可以说至今仍没有一个统一的说法,而普遍认为最早开通的高铁是 1964 年日本东海道新干线(东京到大阪,全长约 515 公里)。目前,学术界大都采用 UIC(国际铁道联盟)对其界定,即一个国家或地区的新建铁路且列车运营时速达到 250 公里及以上,既有线路或在原有基础改建的铁路列车运营速度达到每小时 200 公里的铁路系统都称为高铁。高速铁路除了在速度上达到一定标准外,在车辆、路轨、车站及信号系统等方面都应相配套。

对于面积较小,人口密度相对密集且集中的西欧一些国家来讲,高铁所维持高速运行的时间短。对于像我国这样幅员辽阔、人口众多的大国而言,高速铁路的开通是其不可或缺的最佳交通运输方式之一,具有较大的发展潜力。目前世界上相继有将近 20 个国家和地区建成并开通高速铁路。截至 2016 年年末,我国高速铁路总营业里程达 2.2 万公里,中西部高速铁路超过 1.3 万公里,位居世界首位[①]。据国际铁路联盟统计,世界上其他国家高铁总运营里程达 11605 公里,在建高铁规模达 4883 公里,规划和建设高铁达 12570 公里。全球范围内的高铁经过 40 多年的建设、运行与发展,成功地带动了如新材料、通信信息技术和装备制造等新兴技术运用到铁路建设中,铁道技术不断创新、完善与成

---

① 资料来源:中国新闻网,http://www.chinanews.com/gn/2010/09-16/2535586.shtml。

熟，使铁路这个曾经一度被众多国家认定为是夕阳行业的领域迎来了发展的春天（见表3-1）。

表3-1　　　世界各国（地区）高铁基本运营情况

| 国家或地区 | 运营速度/小时 | 人口覆盖率（%） | 每公里成本（欧元） |
| --- | --- | --- | --- |
| 日本 | 320 | 36.55 | 0.2 |
| 美国 | 240 | 3.37 | 0.45 |
| 中国 | 350 | 10.7 | 0.22 |
| 法国 | 320 | 12.69 | 0.19 |
| 德国 | 320 | 18.28 | 0.19 |
| 比利时 | 300 | 7.83 | 0.31 |
| 挪威 | 210 | 12.44 | 0.19 |
| 中国台湾 | 300 | 36.25 | 0.12 |
| 意大利 | 300 | 18.47 | 0.15 |
| 波兰 | 200 | 12.57 | 0.08 |
| 西班牙 | 320 | 20.51 | 0.08 |
| 韩国 | 300 | 44.67 | 0.14 |

资料来源：根据国际铁路联盟官网整理，数据截止日期为2017年10月30日。

### 3.1.2　高铁的基本特征

与其他交通方式相比，高速铁路在运输能力、速度、准时和乘坐舒适度方面有很大的优势。在长距离的运输中，如果运行距离在1000公里范围内，高铁与飞机相比具有相对优势；短途运输中，尤其是小于100公里范围内，高铁由于班次固定、周转时间长等原因使其与公路相比不具备优势。但在2~4小时的运行范围内，其发车频率、运行速度相比于其他交通运输方式具有绝对的优势，高铁处于绝对的垄断地位。2小时运行范围内占有高级乘客市场的80%~90%，在4小时运行范围内，占有旅客市场的50%~70%。高铁不仅提升了铁路的平均运行速度，在其他方面也有其他运输方式不可比拟的优势，正是由于高铁的诸多优势，使铁路运输焕发了新的生机，并在全世界范围内得到快速发展。

**1. 时间优势——快速便捷**

速度快是高铁运行最主要的标志之一。在门到门的旅行时间方面，高铁站所处的地理位置对乘客乘坐市内公共交通及在火车站办理各种业务，如托运、换乘都是花费时间最节省的，不仅提升了乘客的舒适度，也提高了旅客的出行办事效率。速度优势是高铁被广大居民热衷消费的重要原因之一，我国高铁的速度最高可达 350 公里/小时，大大缩短了城市之间的时空距离，京石高铁开通后，由北京到石家庄的运行时间由原先的 3 小时缩短至 1 小时，从北京西站到保定东站仅需 40 分钟，大大提升了城市间的交流频率（见图 3-1 和表 3-2）。

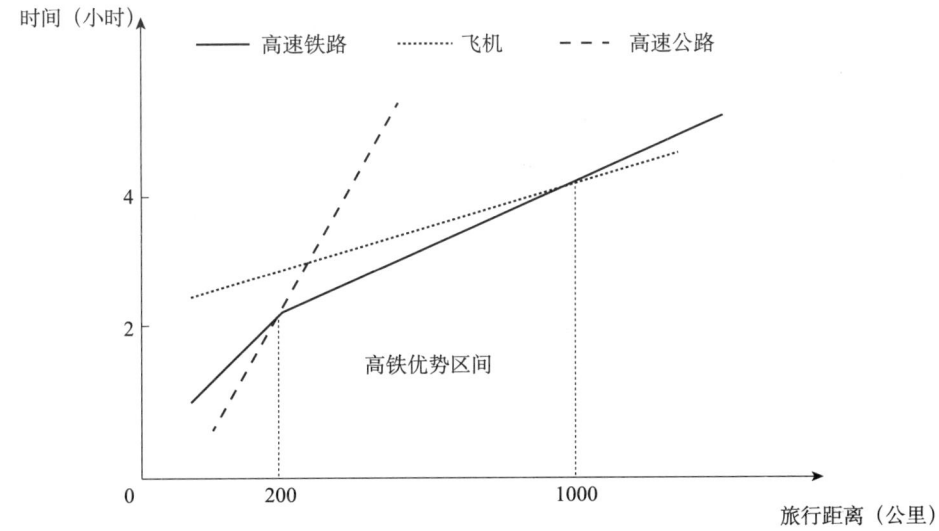

图 3-1　高铁的优势区间

表 3-2　　　　　　　　　　高铁的时间优势

| 线路名称 | 旅行时间 | | | | 长度（公里） |
|---|---|---|---|---|---|
| | 传统铁路 | 高速铁路 | 时间变化 | 高速公路 | |
| 武汉—广州 | 11 小时 | 2 小时 45 分 | 75% | 10 小时 | 1068 |
| 北京—上海 | 9 小时 54 分 | 4 小时 48 分 | 51.52% | 14 小时 30 分 | 1318 |
| 合肥—南京 | 4 小时 | 1 小时 | 75% | 3 小时 | 184 |
| 合肥—武汉 | 5 小时 25 分 | 2 小时 10 分 | 60% | 5 小时 30 分 | 364 |
| 济南—青岛 | 2 小时 58 分 | 2 小时 15 分 | 24.26% | 5 小时 | 393 |
| 石家庄—太原 | 2 小时 5 分 | 1 小时 18 分 | 37.6% | 3 小时 30 分 | 225 |
| 郑州—西安 | 5 小时 42 分 | 1 小时 48 分 | 68.42% | 6 小时 | 484.5 |
| 北京—天津 | 1 小时 9 分 | 30 分钟 | 56.52% | 1 小时 15 分 | 115 |
| 上海—南京 | 1 小时 58 分 | 1 小时 12 分 | 38.98% | 4 小时 | 300 |

续表

| 线路名称 | 旅行时间 | | | 高速公路 | 长度（公里） |
| --- | --- | --- | --- | --- | --- |
| | 传统铁路 | 高速铁路 | 时间变化 | | |
| 上海—杭州 | 1小时30分 | 38分钟 | 57.78% | 2小时15分 | 160 |
| 北京—石家庄 | 3小时12分 | 1小时20分 | 46.51 | 3小时40分 | 292 |

资料来源：作者根据高铁网数据整理。

### 2. 运能优势—运量大

高速铁路的发车时间间隔远小于航空和普通铁路的间隔。北京到天津的城际高铁最小行车间隔为3分钟，平均每日运行240多对列车。从定员来看，日本新干线的平均定员是1178人，最高为1634人，法国高铁列车定员达到794人，韩国为935人，新型京沪高铁运营定员1053人。高铁多班次、高速度和定员高的运输能力与其他交通运输方式相比具有较大的优势。日本新干线年均输送旅客达1.3亿人次，截至2016年年底，京沪高铁自开通以来，运输总人次超过6.3亿，单日最高运量为67万人次。同时新建高铁线可以置换出更多的货运能力，京沪高铁开通后，平均每公里客货运输换算密度合计超过1亿吨。① 强大的运输能力，缓解了京沪沿线各城市之间的运力紧张问题。

### 3. 安全性、舒适、全天候、正点率高优势

高铁在高速运行过程中处在完全与外界隔离的环境中智能化运行，在信号、调度等方面有着完善的安全保障体系。自高速铁路诞生以来，日本新干线从未发生过任何脱轨等重大安全事故，法国的高铁共计完成2000多亿人次的周转量，从未发生过任何伤亡事故；有历史记载的关于高铁事故发生在德国（1998年）、中国（2011年），共计两次。高铁运行平稳，减震、隔音效果好，车厢比普通列车宽敞舒适，列车连接处可活动空间大，座椅可自行调节高低及方位，车厢空气清新、环境整洁，相比于普通列车，车厢内环境得到大大改善（廖弘，2006）。由于与外界完全隔离的运行环境，高铁安全基本受不到雨、雪、雾等恶劣天气的影响，可以全天候24小时待命运行。而飞机和公路对恶劣天气相对比较敏感，

---

① 中国交通新闻网，http://www.zgjtb.com/tielu/2017-07/24/content_121884.htm.

经常还会停运，发生高速公路封路等状况。高铁运行系统的安全可靠和高频率的发车时间，保证了列车较高的正点率。日本新干线从1964—2015年，一直保持每趟列车平均晚点低于1分钟，并且以运行准时在全世界范围内首屈一指。2015年我国高铁始发站发车正点率达98.8%，终点站到达目的地正点率达95.4%①。

**4. 节能环保优势**

高铁动车组运行过程中低能耗、轻量化、全程零排放，是目前所有交通运输方式中最节能环保的运输方式。据统计，当高铁以时速300公里运行时，人均百里能耗电为3.64千瓦时，相当于客机的1/12，小轿车的1/8，大型客车的1/3。不同交通运输方式由于其能耗不同，排放的废气量也是大不相同的。从表3-3来看，高铁对环境的污染是最小的，由于全程使用高压电，所以其直接碳排放量几乎为零。

表3-3　　　　汽车、飞机和高铁的废气排放量及治理费用

| 排放物 | 汽车 | 飞机 | 高速铁路 |
| --- | --- | --- | --- |
| 一氧化碳 | 1.3 | 0.5 | 0.003 |
| 氮氧化物 | 0.3 | 0.7 | 0.1 |
| 二氧化碳 | 111 | 158 | 28 |
| 二氧化硫 | 0.03 | 0.05 | 0.01 |
| 治理费用（欧元） | 1942 | 124 | 28 |

资料来源：乔英忍，曹国炳. 世界铁路总览［M］. 北京：中国铁道出版社，2001.

**5. 节约用地**

根据我国铁路设计规范要求，高速铁路路基基本要求需建14.35米宽，而一个双向四车道的高速公路路基需24.5宽米，从占地面积来看，高铁所占面积还不如公路的3/5。著名的法国戴高乐机场占地3000多万平方米，而从巴黎到里昂高铁线路总面积仅为240万平方米，仅占戴高乐机场占地面积的1/12（郭文军、曾学贵，2000）。我国京津城际高铁采用了高架桥的形式，节约了大量的土地，大约节约4500多亩。② 完成同样的运输量，公路占地是铁路占地的数倍，美国为

---

① 人民网，http://society.people.com.cn/n1/2016/0910/c1008-28705768.html.
② 张曙光. 中国高速铁路自主创新［R］. 人民网，2009-9-8.

5.6倍、日本是13.6倍、法国3.7倍。①

## 3.2 高铁发展历程及主要国家发展现状

### 3.2.1 高铁发展历程

自日本诞生第一条现代化意义上的高铁以来，全世界铁路产业迎来了新的春天，并显示出强大的生命力。根据高速铁路的技术特点、发展规模和覆盖范围，大致可以将高铁的发展分为四个阶段（林晶晶、骆玲，2015；林晓言，2014）。

第一阶段为初创探索阶段（20世纪60—70年代末）。该阶段以日本东海道新干线的开通为标志，先后建立了山阳、东北和上越新干线。新干线在日本的开通及运营在列车、供电、通信信号等方面对原有铁路都进行了全面的改进。由于在该阶段高铁建设尚处于初创探索阶段，高铁的发展相对缓慢，运行速度相对较慢，在将近20年的发展历程中世界高铁总建设里程仅为1069公里。

第二阶段为扩大发展阶段（20世纪80年代初到20世纪末）。随着日本全国范围内开通新干线，西欧一些发达国家模仿日本，开始掀起了修建高铁的高潮，其中以1981年法国开通建设的第一条高铁TGV东南线开通为标志，世界高速铁路进入了最高运营速度250～300公里/小时的新时期和扩大发展时期，由于采用了新的技术，铁路竞争力得到快速提高，铁路客流量逐渐回升。随后德国、意大利也先后建成了具有本国地域特色的高铁系列产品，分别在1991年和1992年开通了本国第一条高铁。随着高速铁路运营技术的日益成熟，20世纪90年代，高铁在整个欧洲迎来了发展的春天，1991年西班牙建成了长达471公里的马德里—塞维利亚的高铁。1997年比利时也开通了本国的第一条高铁。该时期高铁正式进入各个国家交通运输发展规划，高铁的建设不仅是满足本国经济发展的需要，同时更是欧洲内部各国、各地区之间政治联系的需要。在这10多年的时间里，日本和欧洲共建高铁达3000多公里，并出现了全国性的高速铁路网。

---

① 李克秦．关于经济型高速铁路的原理和方法研究［D］．武汉理工大学，2004．

第三阶段快速发展阶段（21世纪初至今）。随着中国高铁开始大规模建设，在2015年我国成为世界上高铁运行里程最长、建设规模最大的国家，占全球高铁总规模的60%。2016年我国出台了《中长期铁路规划网》，不仅在国内将建成覆盖全国范围的"八纵八横"铁路网，而且已经开始向其他国家技术输出，在国际市场中也占有一席之地，如2014年在土耳其城建的"伊安高铁""雅加达—万隆"高铁，中国高铁已经成为国家外交中的一张"靓丽的名片"。

### 3.2.2 世界主要国家和地区高铁发展现状

日本作为世界上发展高速铁路起源地。1964年日本新干线的开通拉开了修建高铁的序幕。东海道新干线开通后，全程515公里，平均时速129公里，东京至大阪的运营时间由原来的6.5小时缩短为4个小时，为日本东海岸沿线城市的人流、物流、技术流、信息流、资金流等生产要素的流动带来了极大的便利，客流量日均达30多万人次，乘客周转速度提高了30%。日本的高铁建设经验得到其他国家的借鉴，德国、法国、意大利先后开始筹备并研制高铁。根据国际铁路联盟的不完全统计，截至2016年年末，全世界高铁里程总长度达45297公里，分布在25个国家和地区；其中在建里程为20957公里，运营里程为24340公里（见图3-2）。

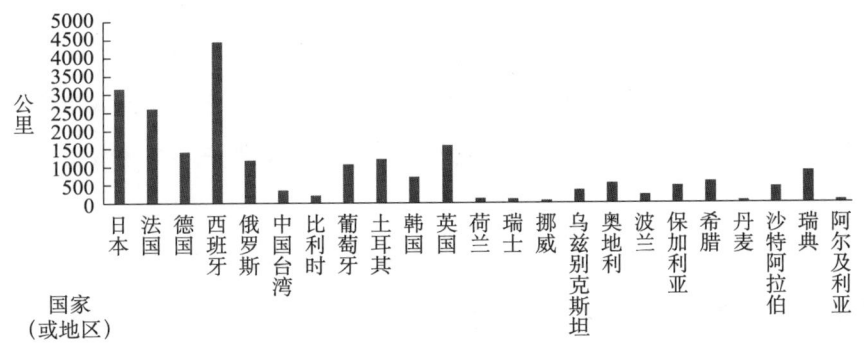

图3-2 世界各国（地区）高铁总里程

资料来源：林晓言. 高速铁路与经济社会发展新格局 [M]. 北京：社会科学文献出版社，2015.

高铁的建设自日本诞生以来，英国、荷兰、法国等国家及我国台湾地区先后开始了高铁的建设。越来越多的国家开始形成共识，修建高铁对经济和社会发展具有促进作用。

**1. 日本新干线**

日本是世界上修建高铁最早的国家。第二次世界大战结束后，日本经济快速复苏，逐渐意识到铁路对社会经济发展的重要性，并成立了"日本国有铁路干线调查会"，专门从事新干线和铁路运输经济的研究工作。1959年日本正式开始修建东海道新干线，并在1964年东京奥运会开幕前夕，新干线正式通车运行，连接东京和大阪及沿线各城市，这在当时无论在技术还是在速度、信号系统都是世界上最先进的铁路系统，京滨、中京和阪神城市群因新干线的通车大大缩短了时空距离，以东京为中心形成了1~4小时经济圈。后来新建的东北新干线、上越新干线及山阳、九州新干线，极大促进了日本全国范围内各城市间的人员、技术、信息的流动，沿线城市经济和社会得到快速发展。高铁的安全性强、准点率高及清洁的环境，产生了巨大的社会效益和经济效益。

从区域经济发展视角来看，受地理条件和港口建设条件制约，日本早期工业发展基本上集中在南太平洋沿岸，是日本工业经济最发达的地区，也是人口和经济最密集的地区，同时也是新干线最先修建的地区。新干线的开通形成了以东京、大阪等大型城市为中心，辐射范围超过500公里的高速铁路网。新干线开通后，广岛、岗山、福冈等沿线城市的工业布局发生变化，汽车、集成电路及家用电器等新兴产业逐步取代了传统了石化、钢铁等重化工产业，形成了日本"高铁经济带"，后来修建的上越、秋田等新干线，加强了东西海岸线各城市之间生产要素的流动，对优化日本空间国土开发及实现区域均衡发展具有重要的促进作用（见图3-3）。

从城市空间格局方面来看，高铁站的修建，推动了站区周边土地的开发建设，并围绕车站枢纽形成了新的增长极。高铁线的修建在短期内需要雇用大量的本地工人用以车辆生产和线路维护及管理铁路线，为城市中长期的发展提供大量稳定的就业机会。除此之外，新干线促进了高端商务和旅游发展。据统计分析，日本东海道新干线和山阳新干线开通后，产生的住宿、餐饮和旅游等消费支出约为5万亿日元。新干线建成后，东京城市空间格局也发生了重大变化，城市开始

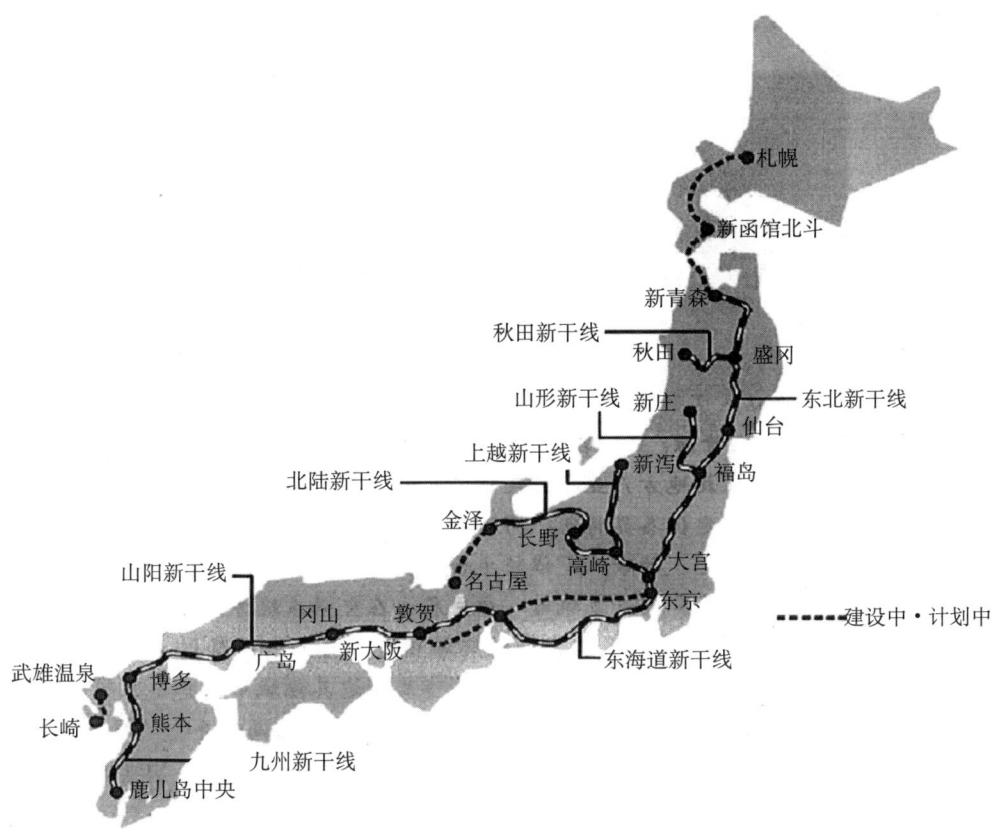

**图 3 – 3　日本新干线建设基本情况**

资料来源：王兰. 高铁新城规划与开发研究 [M]. 上海：同济大学出版社, 2016.

呈现郊区化特征，甚至远郊地区也开始出现大量的集中居住区，城市中心人口开始向城市郊区拓展，拓展了城市规模，同时也疏解了部分城市功能，实现了东京多中心空间结构发展态势。

新干线网络的建成，扩大了居民的流动范围，促进了地域之间文化交流，提高了生活品质。例如，在新干线开通之前，静冈地区的居民观看传统艺术"文乐"，需乘坐汽车前往东京或大阪，在开通新干线之前来回两地需要花费两天时间，新干线开通后当天就可以来回，同时还有留在东京或大阪旅游时间；北陆新干线的建设，浦佐町无论到东京还是到新潟，均由之前的 3 个小时缩短至目前的 1 个小时，舒适安逸的自然环境和便利的交通条件，使该地区成为世界各地的大学及高级知识分子的集聚地。

**2. 欧盟高速铁路**

在日本新干线取得巨大成就之后，欧盟各国家开始掀起修建高速铁路的热潮，法国、德国和意大利等国家的高铁运营里程均超过2000公里。目前欧洲运行的高速铁路的国家主要包括：法国TGV，时速最高可达320公里；德国ICE高速列车，已建成总里程2331公里，最高时速达300公里；西班牙AVE。从欧洲高铁运行的特征来看，在欧盟内部基本上实现了跨国运行，如横跨英吉利海峡的欧洲之星列车，连接荷兰、德国、法国、意大利的欧洲国际列车；其次就是欧洲高速铁路与传统铁路、高速公路一体化衔接较为紧密，可以在传统铁路上行驶，具有较高的灵活性，高速公路可以直达高铁枢纽换乘，这种运行模式与我国的高铁运行模式大相径庭。这主要是考虑欧洲各国的面积较小、人口少，高铁尽可能地连接到更多的人口集聚区，以300公里时速运行，一般3~4个小时就可以跨越国界。

"2050新型交通运输战略"提出未来欧盟将建设连接各成员国的轨道交通线路，重点投资建设跨国的高速铁路。计划到2030年，欧盟高速铁路总里程增加至目前的3倍。与此同时，欧盟一些国家也相继公布了各自的高铁建设计划，西班牙将投资500亿欧元修建长达1300多公里的高速铁路。法国将投资建成以巴黎为中心，连接全国大中城市的高速铁路网。新的高速铁路规划将更加有效地促进欧盟经济一体化的发展，形成多增长极的空间格局。

法国—TGV

法国是从事提高列车速度研究最早的国家之一，早在1955年法国就创造了时速高达330公里的高铁，但受制于综合条件，并未实际运行。时至2011年，法国先后开通了以巴黎为中心的西南、东部和北部三个方向的七条高铁线[①]，高铁网络里程达2036公里。法国高铁自诞生以来，无论是在运营里程还是在速度

---

① 东南线：连接巴黎到里昂；大西洋线：连接巴黎到勒芒并延至图尔；北欧线：连接巴黎—里尔到加来；巴黎换乘线：连接了戴高乐国际机场及迪士尼乐园等重点地区；罗讷到阿尔卑斯线：连接里昂机场和瓦朗斯地区；地中海线，从瓦朗斯延伸到马赛；东线：连接巴黎到斯特拉斯堡。

方面一直保持在世界领先行列，除了准时率高、安全性强外，目前世界上高铁速度最快的记录就是由法国高铁保持的 515.3 公里/小时。

法国第一条正式运行的高铁是从巴黎到里昂线路，凭借其安全性、舒适性和高速度特点，吸引了广大居民的乘坐热情，TGV 的开通对其沿线城市经济发展产生深刻的影响。据不完全统计，TGV 为沿线城市的旅游创收达 20 亿法郎，提供超过 5000 个稳定性的就业岗位，同时还包括其他旅游过程中的附加项目带来经济收益。正是由于高铁的开通，法国许多相对落后的城市正逐渐发展成为新兴的工业新城，发展高端商务服务、旅游及商业，为当地经济发展带来十足的动力。其中勒芒市就是典型的代表，在高铁开通 3 年后，周边土地的价格、房价和商务办公租金都提高了将近 2 倍。而其他距离高铁线较远的地区丧失了部分发展优势，许多要素开始向勒芒市集中，逐渐沦为边缘性城市①。法国高铁的开通同时具有鲜明的政治意义。法国高铁不仅形成了以巴黎为中心的国内高速铁路网，同时还加强与德国、卢森堡等国家路网衔接，不仅缩短了国内城市之间的时空距离，还加大了国家之间的联系，形成了以法国为中心的次区域化国际高铁网络，实现了跨国经济一体化的发展。

**德国高铁——ICE**

德国国土面积为 35 万多平方公里，其中任意两个城市之间的距离均小于 350 公里，超过时速 200 公里的列车，两小时内可以穿越任何两个城市，与法国、日本模式不同的是，在相对较小的国土面积上修建快速的高铁，德国采用的是"城际通勤高铁"模式。德国在发展高铁过程中，在原有铁路基础上，结合自身实际特点，借鉴日本和法国的建设经验，1991 年德国第一条高速城际列车汉诺威—维尔茨堡、曼海姆—斯图加特高铁线投入运营，拉开了德国高铁建设的序幕。目前德国 ICE 国内已经开通并运营 6 条②，基本上连接了所有大中城市，形成了国土范围内 1～2 个小时经济圈，同时还开通了与其他 6 个国家的高铁线③，并在欧

---

① 王凤学. 中国高速铁路对区域经济发展的影响研究 [D]. 吉林大学，2012.
② 汉诺威—维尔茨堡（327 公里）；曼海姆—斯图加特（107 公里）；汉诺威—柏林（263 公里）；科隆—法兰克福；纽伦堡—因戈尔斯；汉堡—柏林，全长已超过 1560 公里。
③ 这些国家分别是荷兰、丹麦、瑞士、比利时、奥地利、法国。

洲高铁网络中具有举足轻重的作用。在所有的高铁线路中，法兰克福—科隆高铁是德国西部的南北大通道，连接莱茵河流域和鲁尔区，高铁开通后两个城市之间的时间距离，由之前的135分钟缩短至58分钟，这条线路的开通改变了两个城市间的交通结构，尤其是对两个城市间的航班，城市高铁延伸至飞机场附近，乘客在机场实现了直接与城际高铁换乘，城际高铁的开通使铁路乘客增加了40%，德国国家航空公司还被迫取消了两个城市之间部分航班。

### 3.2.3　国外高铁建设对我国高铁发展的启示

（1）高铁的建设促进了区域经济发展。高速铁路的诞生改变了铁路产业走向衰退的趋势，是客运交通运输史上一次重大的创新，高铁是在原有铁路线不能满足经济发展需求的前提下产生的。从国外高铁运行经验来看，高铁无论从建设期还是运营期都带动了经济快速发展，高铁带来通达性的提高，吸引了周边区域人口和企业的集聚，进一步扩大了城市规模，实现城市中心部分功能向外疏解，加快了郊区城镇化步伐，促使沿高铁线的相邻大城市形成高铁廊道和都市圈。高铁大大不同于传统铁路对城市发展的影响，就居民而言，高铁改变了人们的出行方式，给乘客带来旅行的快感，扩大了旅行范围。增加了企业的区位选择，为相对落后的地区能更便捷地享受发达地区的各种资源带来了机会，优化了生产要素在空间的合理配置。

（2）从高铁建设的空间布局来看，高铁更适合于修建在那些经济实力强、人口密度高的发达国家或城市。目前高速铁路走在前列的国家当属日本、德国和法国，这三个国家国土面积相对较小、人口集中程度高、经济发展实力较强，高铁充分发挥了其在经济发展中的作用。我国国土面积大、区域间经济发展不平衡，人口主要集中在大中城市，为充分发挥高铁的效用，未来我国在高铁规划和建设方面优先考虑东部沿海地区及区域中心城市。应当注意的是，在注重经济效益的同时还应该考虑社会效益，尤其是对那些偏远的山区城市，亟须通过高铁改变其区位条件。

（3）高速铁路作为城市内外交通运输体系中的骨干力量。在高铁修建过程中，应注重与原有铁路干线及高速公路、航空港、地铁、公交枢纽的衔接。发展高速铁路需要现代技术为保障，尤其是在通信信号、列车实验、电磁辐射及制动技术等方面，从国外发达国家高铁建设经验来看，高铁必须以先进技术为保障。同时，除了自主攻关和研发外，还应加快与其他国家的合作，进行联合攻关，实现高铁技术的重大突破。

## 3.3 我国高铁建设与运营

### 3.3.1 我国铁路历次大提速

我国铁路的运行速度不断加快。新中国成立初期，我国铁路的运行速度与新中国成立前期运行速度没多大改变。新中国成立前京沪铁路运行为43小时48分，新中国成立初期缩短为36小时50分。从新中国成立初期到1995年，我国铁路在40年间仅增加了14公里/小时。90年代初期，我国开始在部分铁路实施提速运行。1994年广深线以160千米/小时运行，1996年沪宁线、京秦线、沈大线相继开出了准高速列车，即每小时160公里。

从1997—2007年，我国铁路提速频率明显增加，先后进行了6次较大的提速。分别在1997年、1998年、2000年、2001年、2004年、2007年。2007年的提速是我国进入"高铁时代"的重要节点，从此以后，我国列车进入250公里/小时时代，共涉及京哈、京沪、京广、兰新等18条线路。经过提速后，我国铁路客运量明显回升。国家统计局数据显示，在2010—2013年，铁路客运量和客运周转量每年以11%和9.7%的速度增加。铁路的历次提速，为我国发展高速铁路奠定了基础（见表3-4）。

表3-4　　我国铁路6次提速基本情况

| | 提速时间 | 运行时速（公里/小时） | 提速路线 |
| --- | --- | --- | --- |
| 第一次 | 1997年4月1日 | 140 | 京哈、京广和京沪线 |
| 第二次 | 1998年10月1日 | 160 | 以京哈、京沪和京广线为主，时速达140公里的铁路增加至1454公里，时速160公里的铁路增加到445公里。广深铁路最高时速为200公里，繁忙路线火车提高到时速80~85公里 |

续表

| 提速时间 | 运行时速（公里/小时） | 提速路线 |
| --- | --- | --- |
| 第三次 2000年10月21日 | 160 | 包括陇海、兰新、京九。全国提速铁路达1万公里，客运列车平均速度为60.3公里/小时 |
| 第四次 2001年10月21日 | 160 | 铁路提速里程达到1.3万公里，覆盖全国大部分省份 |
| 第五次 2004年4月18日 | 160 | 时速120公里的铁路线达1.65万公里，其中时速超过160公里的为770公里，客车平均速度为66公里。京广、京沪等线路，平均速度为119公里 |
| 第六次 2007年4月18日 | 250 | 以京沪、京哈、京广、兰新为主的18条线路，开通运营200公里动车组；普通列车时速提高至200公里及5000吨货物重载列车 |

### 3.3.2 我国高速铁路建设与运营

与发达国家相比，我国高速铁路规划和建设时间相对较晚。但是我国高速铁路发展迅速，从2008年我国第一条拥有自主知识产权的高铁——京津城际高铁开通以来，截至2015年，我国高速铁路总里程已经占到全世界高铁总里程的60%，居世界第一位。根据《国家中长期铁路网发展规划》（2016），未来我国将形成"八纵八横"客运专线，要求到2025年铁路网络规模达到17.5万公里，高速铁路里程达到3.8万公里，连接全国省会城市和50万人口以上的大中城市，实现大中城市1~4小时交通圈和城市群内0.5~2小时交通圈。到2020年，我国20万人及其以上人口城市都将建成并运行普通铁路，快速铁路或高铁将覆盖50万及以上人口大城市。

到2015年年末，我国已经开通和修建高铁的城市达210多个，其中开通高铁的城市为130个，全国高铁总里程超过1.9万公里。在已开通运营的高铁线路中，每条线路平均运营里程为420公里，最短的津滨高铁为45公里，运营里程低于100公里的有四条，最长的兰新高铁第二双线为1787公里。在速度方面，时速在300公里以上的有8259公里，高于200公里且低于300公里的有8492公里（见图3-4）。

2008年以来，继首条设计时速350公里的京津城际高铁开通运营后，中国高铁建设和规划的步伐逐渐加快，建成通车的高铁线路不断增加，已由2008年的3条（含城际快速铁路），增加至2014年的36条，开通高铁的地级市已由9个上

第 3 章 高铁的基本特征及发展现状

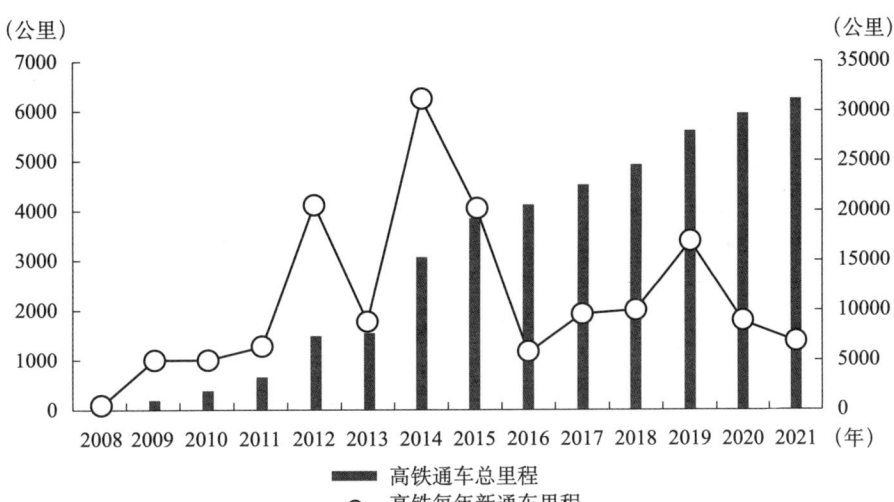

图 3-4 中国高铁通车里程演变（2008—2021 年）

资料来源：根据所整理高铁数据库计算，2016 年 4 月及以后为根据在建或规划线路所估计值。其中每年高铁通车里程数对应左侧主纵坐标轴；截至当年高铁通车总里程数对应右侧次坐标轴。

升至 136 个，年均增长率达到了 201.58%；除内蒙古、西藏、甘肃、青海、宁夏和新疆外，其他省区均有高铁线路开通运营（截至 2014 年年底）；但值得注意的是，目前中国高铁线路和地级市的分布并非均匀分布，主要集中于东部地区，东部地区开通高铁的地级市数量要高于其他地区，中部地区主要集中在经济发达的城市，西部地区开通高铁的地级市数量和线路最少；另外，我国高铁主要集中在大中城市，小城市开通高铁的数量较少。由此可以看出，东部地区作为中国经济社会发展水平高的地区，其快速发展的工业化水平和大规模的人口流动决定了对高铁建设的大量需求，而东部地区雄厚的经济发展基础也能够为高铁建设提供支撑和保障作用。近年来，伴随着中国高铁线路规划的纵深发展，广大中西部地区的高铁建设快速推进，其线路长度和站点密度都在不断增加。表 3-5 所示为 2008—2014 年中国及各地区开通高铁的地级市数量。

表 3-5 我国开通高铁城市区域分布 单位（个）

| 年份 区域 | 全国 | 东部地区 | 中部地区 | 西部地区 |
|---|---|---|---|---|
| 2008 | 9 | 7 | 2 | 0 |

续表

| 年份 | 区域 | 全国 | 东部地区 | 中部地区 | 西部地区 |
|---|---|---|---|---|---|
| 2009 | | 31 | 17 | 10 | 4 |
| 2010 | | 54 | 29 | 19 | 6 |
| 2011 | | 74 | 45 | 23 | 6 |
| 2012 | | 90 | 50 | 34 | 6 |
| 2013 | | 98 | 54 | 37 | 7 |
| 2014 | | 136 | 63 | 50 | 23 |

资料来源：根据公开资料整理可得。

中国的高铁列车均为CRH（China Railway High-speed，中国铁路高速列车）系列电力动车组，最高运行速度分为每小时250公里、350公里和380公里三个级别。除提高速度之外，由于高铁相较于传统铁路使用了更精准的信号系统和更先进的列车设备，因此其运力、舒适程度、安全性和可靠性等也大大提高（Givoni和Rietveld，2007），这使高铁成为革命性的现代化轨道交通方式。实际上，中国高铁使用的CRH动车组有相当一部分运行速度小于250公里（国内往往称其为"动车"）。至2015年年底，动车总里程达到12897公里。虽然动车并不是严格意义上的高铁，但其列车设备、车站硬件设施和乘务票务服务等与高铁并无二致（见表3-6）。

表3-6　　　　　　　　我国高铁线路基本情况

| 线路名称 | 建设意义 | 运营里程（公里） | 速度（公里/小时） | 开通日期 |
|---|---|---|---|---|
| 京津城际铁路 | 在北京和天津形成了"半小时经济圈"，促进了两地的同城化和一体化 | 115 | 350 | 2008/8/1 |
| 武广客运专线 | 推动武汉高铁网形成"米"字形状 | 968 | 300 | 2009/12/26 |
| 郑西客运专线 | 是中国中西部地区第一条投入运营的时速350公里的高铁 | 484 | 300 | 2010/2/6 |
| 京沪高速铁路 | 连接京津冀城市群和长江三角洲城市群两大城市群 | 1318 | 325 | 2011/6/30 |
| 合福客运专线 | 是沟通华中与华南地区的一条大能力客运通道 | 852 | 300 | 2015/6/28 |
| 合蚌客运专线 | 与"长三角"城际铁路网等相衔接，构成覆盖我国广大地区的快速客运网 | 131 | 350 | 2012/10/16 |
| 哈大客运专线 | 为东北地区经济振兴发展注入了强劲动力 | 904 | 300 | 2012/12/1 |

续表

| 线路名称 | 建设意义 | 运营里程（公里） | 速度（公里/小时） | 开通日期 |
|---|---|---|---|---|
| 石武客运专线 | 把我国经济最活跃的环渤海地区、中原城市群、武汉城市圈、珠三角地区和广大中部地区更加紧密地连接在一起 | 841 | 300 | 2012/12/26 |
| 杭甬客运专线 | 形成沪、杭、甬等城市间1~2小时交通圈 | 150 | 300 | 2013/7/1 |
| 西宝客运专线 | 横穿陕西关中地区的"金腰带" | 138 | 250 | 2013/12/28 |
| 沪昆高铁 | 实现华中地区与珠三角及西南地区的快速通达 | 2252 | 350 | 2016/12/28 |
| 西成高铁 | 推动以西安、成都、重庆作为支撑点的"西三角"经济圈建设 | 650 | 300 | 2017/12/6 |
| 兰新高铁 | 增加民族团结，加快边疆经济发展 | 1776 | 250 | 2017/7/9 |
| 津保高铁 | 京津保三角地带经济一体化 | 158 | 250 | 2015/12/28 |

资料来源：作者根据高铁网整理而得。

利用先进成熟的轨道交通技术成就了我国高速铁路的发展，提升了我国铁路现代化水平，优化了交通运输产业结构，推动了铁路运输技术与装备制造业重组，提高了自主创新能力。从我国高铁建设现状来看，我国高铁首先连接的是东部沿海的省会城市和特大城市，终点站和始发站通常为经济发展实力较强、人口密度较大的城市地区。总体来看，目前我国高铁基本上覆盖了东中部地区的城市群，连接各大区域板块，疏通加速各类要素流、弥合经济高地与洼地的差距，为促进区域内部的融合发展以及区域间的竞争协作搭建起重要的战略通道。

## 3.4 我国高铁发展面临的挑战

世界高铁的发展为了我国高铁的发展奠定了基础，我国高铁加快了世界高铁发展速度。从我国高铁运营情况来看，目前高铁各线路基本上实现了充分的利用，沿线城市乘坐高铁的人流量大幅度增加。但未来我国高铁发展仍面临一些挑战：

第一，高铁的利用效率有待提高。京津高铁开通后每天大约有180多趟列车往返京津两地，开通前两年运送旅客人次达4096万。而对于中西部城市，如郑州—西安高铁线，在2010年开通仅有437万人次，远低于设定的3700万人次，目前仅有30趟列车往返两地之间。同时我国目前运营的高铁线路，仅有京沪高铁盈利运营，2015 年盈利 65.81 亿元，是我国唯一一条盈利的高铁。如何根据城市间的客流量，合理安排发车次序和发车频率，实现利润最大化是未来高铁发展面临的一大挑战。

第二，高铁票价居高不下。目前我国高铁数量相对较少，大多布局在东部或中部地区。高铁票价对大多数居民来讲相对较高，从北京到上海（1318 公里）最便宜的价格为 820 元，上海到南京为 176 元，增加了乘客的负担。据统计显示，那些经常乘坐高铁的乘客大多是由企业或单位承担，为了减少总成本，大多数人不得不减少乘坐其他交通工具的成本，对于高收入大约有 44% 的乘客、中等收入大约有 35%、低收入乘客有 20% 会选择私家车到高铁站。

第三，乘客"门到门（door-to-door）"的时间较长。我国大部分高铁修建在城市的边缘地区，远离城市的地铁站和城市中心，城市内部交通拥堵问题导致乘客到达市中心的时间增加，降低了高铁站到城市内部各区域可达性，削弱了部分高铁的优势。以保定东站为例，从保定东站乘坐出租车需要半小时才能到达城市中心，如果乘坐公交车大约需要 1 个多小时。Wang（2013）采用总时间指标（旅行时间与高铁站到目的地时间的总和）计算了我国高铁站的可达性，结果表明城市内部公共交通系统的完善对提高高铁站的可达性，提升高铁的吸引力至关重要。

第四，高铁与其他运输方式一体化。未来我国高铁站的发展将从传统的"等车"车站向一个"路过"车站转型，每个乘客达到车站后很快检票进站上车（Zheng et al., 2009）。过去我国的铁路客运站点大都是独立、封闭的站点，即使在交通枢纽内部也只能通过"交通站点—站前广场—市内交通"换乘。甚至在很多城市，火车与城市公交需要通过第三方交通工具才能实现换乘，这种换乘模式不仅占用更多建设用地，而且还浪费了大量的时间。例如，上海虹桥站集高铁、飞机、城市公交为一体的综合交通枢纽，占地面积 130 万多平方米，如此大的空间内，各种交通方式的无缝连接是一个很大的挑战，仅从地铁站到机场候机室就需要走 700 多米，大多需要借助其他交通工具。

第五，政策和制度性问题。铁路作为强大公益性的交通设施，具有自然垄断的特征，无论在哪个国家政府都是发展高速铁路的重要推手。在路线规划中大城市和小城市之间的政策力度不平衡。对于大城市而言，他们通过高铁连接的目的地拥有更多的人口，拥有更多的消费需求。而小城市很容易被高铁线所忽略，需经过与上级多次协商，需要很大的努力才有可能保证高铁站在其管辖区内落地。目前中国仍然是一个自上而下的管理体系社会，强大的铁路总公司追求中国高速铁路网的快速发展，而没有充分地与当地政府、当地城市规划部门在制定决策过程中协调与合作，这是目前中国发展高铁面临的主要的问题。那些拥有较强谈判能力的大城市可以使高铁站坐落在城市中心，来满足其长期的发展战略，进而增强城市功能，那些小城市的高铁站由于不能与城市中心发展很好的结合，很难从高铁的通达性中获益，甚至会逐步沦为边缘性城市。

## 3.5 小结

从世界各地的高铁发展规律来讲，从经济效益来讲高铁更适合于经济发展程度高、人口密集的城市，但高铁作为公共服务的重要组成部分，还应该考虑社会效益，使更多的人受益。未来我国高铁发展，如何降低票价，覆盖更多的中等收入或低收入人群，提高高铁的利用效率，如何缩短乘客门到门的时间距离、实现高效、便捷的换乘都是其面临的重大挑战。

高铁的开通与运营不仅促进了地区经济的发展，同时还推动区域经济结构调整和区域间的协调发展，是我国发展总体战略的重要环节。高铁的开通直接提高了沿线城市的可达性，使区域外的生产要素更便捷地进入本地，同时还有利于本地生产要素突破本地市场界限，直接参与全国乃至世界其他区域的资源和要素进行交流，扩大了本地市场范围。高速铁路极大改变了居民生活方式，有利于我国城市化和农村剩余劳动力转移，推动沿线地区城市化，促进民族地区之间的融合，更好地实现贫困地区走出贫困，对社会稳定和建成小康社会具有重要意义。

# 第4章　高铁对区域与城市的总体影响

　　交通运输作为区域之间相互联系、相互作用的重要骨架，是区域经济发展和空间结构演变的主要力量之一。高速铁路诞生以来，不同领域的学者围绕高铁的发展及效应进行了大量的研究，并取得了丰富成果。本章从高铁对区域空间和对城市、城市群效应角度分析了高铁带来的总体影响。

第 4 章 高铁对区域与城市的总体影响

## 4.1 高铁对区域经济的影响

从古典工业区位论开始,交通运输一直作为影响区域经济联系的重要因素,是区域经济发展和空间结构演变的主要力量之一。高铁的修建与开通为沿线地区的经济发展带来机遇,尤其为沿线相对欠发达地区缩小与经济发达地区的差距创造了条件,对优化区域经济空间格局具有深远影响。

### 4.1.1 高铁开通对区域经济空间再分布的影响

高铁的开通对城市的影响,主要取决于城市规模的大小、在高铁网络中的位置及与到中心城市的距离,三个因素共同决定了城市获利能力(Stanke,2009)。就城市规模而言,城市人口和 GDP 规模是影响城市吸引力大小的主要因素。从网络中的区位尺度来讲,这种区位不仅指的是在高铁网络中的位置,还应考虑该节点与其他交通运输方式的连接,城市空间联系的提升本质上要求快速便捷的交通和网络实现,城市内部交通的无缝衔接和不同交通运输方式的协调尤为重要。高铁的建设为城市发展提供了直接面对面交流的机会,同时人与人之间的交流为城市经济积累了人力资本。然而,高铁对城市体系的发展无论从长期还是从短期来看都是非常复杂的。其中一种观点认为高铁的建设在短期内会促进经济的增长,但从长期来看,高铁的建设会导致区域经济不平衡发展,核心城市的竞争力得到快速的提升,而边缘城市或区域经济增长逐渐下降。因此,高铁并不能优化区域空间格局发展,带来的只是极化效应(Elhorst,Oosterhaven,Romp,2008;Hall,2009;Preston 和 Wall,2008;Vickerman,1997)。另一种观点认为,高铁带来城市通达性的提升对城市经济发展只有从更长时期中才能逐步显示出来,短期内缩短城市间的时空距离可能带来的更是极化效应(Ahlfeldt 和 Feddersen,2010;Kim,2000)。张克中、陶东杰(2016)采用"双重差分法"对高铁的"经济分布效应"进行了分析,结果表明高铁开通与运营存在明显的"虹吸效应",沿线城市各种经济要素由周边城市不断流向中心城市,增强沿线中心城市对周边城市的经济吸引力,反而抑制了预期相邻城市的经济增长。Urena et al.

(2009)高铁通过把沿线城市连接在一起,形成了以高铁为轴带的高可达性的交通廊道,对沿线城市的经济和空间要素再配置具有重要作用,如人口增长、就业水平和房地产市场的价格等。高铁的开通虽然增加了中心城市的发展机会,扩大了其辐射能力,但同时也提高了其邻近城市的可达性,那些邻近的居民和企业,可以更方便地到达中心城市。高铁的开通提升了中小城市的区位优势,高铁在为大城市提高吸引力的同时,也为周边中小城市的商业氛围和居民旅游带来新的机遇。王雨飞、倪鹏飞(2016)以全国284个城市为研究对象,从经济增长和产业结构转变两个视角出发,证实了高铁建设对城市群的空间格局具有优化作用,结果表明高铁建设对城市群的经济空间结构具有明显的优化作用,与城市群内中心城市密切联系的城市通过高铁纽带作用,竞争力会进一步提升,而不在高铁线上的城市,随着生产要素的流动,逐步被边缘化。

Hall(1999)提出,没有与欧洲高速铁路的连接,欧洲任何城市的可达性都将受到严重的损害。但是,高铁线路两端的大城市受益是以线路中间的中小城市受损为代价的,而那些被绕过的城市表现得更加糟糕。Banister 和 Berechman(2000)提出,城镇不会自动地从设在当地的高速铁路站点获利,而可能从发展战略中受益,该战略应建立在交通联系改善的良好机遇之上。Moshe Givoni(2006)提出高铁的建设对经济建设的影响目前仍无共识,高铁建设的总体效应究竟是正向还是负向关系,目前仍没有统一答案。Roger Vickerman(2006)认为,高铁作为经济增长的一个重要因子,它不能保证每个区域或城市都能在其中具有正的影响,同时也没有证据表明那些没能与高铁相连接的城市就有劣势。Willigers(2006)也提出,高铁对经济的影响难以量化,政府在制定政策过程中应减少对高铁因子的考虑,否则所做决策将有失偏颇。

假设经济由一系列的区域 $n$ 和 $i$ 组成,其中 $n$ 代表消费区域,$i$ 代表生产区域。经济活动中存在大量的具有代表性的消费者 $\bar{L}$,这些消费者可以在两个区域之间自由流动并且提供非负效应无弹性的劳动力。对于区域 $i$ 中的每个代表性的劳动力供给量取决于该地区的人口总量 $L_i$ 和交通技术水平 $b_i$,其中交通技术成本采用新经济地理学中的冰山成本形式表示。对于居住在 $i$ 区域中的每个劳动力只有 $b_i$ 个部分用于生产,其中 $0 < b_i < 1$,剩下的 $1 - b_i$ 在运输中消失了,即运输成

本（Redding and Sturm，2008）。

（1）消费者。首先定义可贸易的消费品指数 $C_n$，不可贸易的消费品 $H_n$，不可贸易的消费品一般用房地产来表示，为了简单起见把房价作为模型的内生变量，取决于均衡时人口密度。效用函数采用柯布－道格拉斯函数表示：

$$U_n = C_n^{\mu} H_n^{1-\mu}, 0 < \mu < 1 \qquad (4-1)$$

可贸易的消费品指数采用标准不变弹性函数形式表示：

$$C_n = \Big[ \sum_{i \subset N} M_i c_{ni}^{\frac{\sigma-1}{\sigma}} \Big]^{\frac{\sigma}{\sigma-1}}$$

其中 $\sigma$ 表示不同消费产品的替代弹性，同时假设该替代弹性大于 1，$c_{ni}$ 表示 $n$ 区域消费 $i$ 区域生产产品的数量。在此基础上还假设地区 $i$ 生产的产品 $M_i$ 以同样的比例在 $n$ 地区消费。所有的消费品都受到冰山成本的影响，区域 $i$ 生产的每一单位的产品运输到 $n$ 地区，都必须运送 $d_{ni}$ 单位，必须保证 $d_{ni}$ 大于 1，因此 $d_{ni} - 1$ 可以表示产品的运输成本。则可贸易的消费品 $C_n$ 的价格指数为：

$$P_n = \Big[ \sum_{i \subset N} M_i p_{ni}^{1-\sigma} \Big]^{\frac{1}{1-\sigma}} \qquad (4-2)$$

在这里假设区域 $i$ 生产的产品 $M_i$ 面临同样的需求弹性，对区域 $n$ 索取同样的均衡价格 $p_{ni} = d_{ni} p_i$。

在此基础上引用谢波德原理可以求出地区 $n$ 对 $i$ 区域生产的可贸易产品的均衡需求：

$$x_{ni} = p_i^{-\sigma} (d_{ni})^{1-\sigma} (\mu v_n L_n)(p_n)^{\sigma-1} \qquad (4-3)$$

其中 $v_n L_n$ 表示总收入也就是总的消费，消费者花费其收入的固定比例 $\mu$ 在可贸易的产品中。在固定消费比例和非贸易资产不变弹性供给条件下，这种设施的均衡价格 $r_n$ 依赖于消费份额 $1-\mu$、总收入以及不可贸易资产的供给数量 $\overline{H_n}$。

$$r_n = \frac{(1-\mu) v_n L_n}{\overline{H_n}} \qquad (4-4)$$

总收入是所有劳动者收入和非贸易资产消费的总额，因此总收入可以表示为：

$$v_n L_n = w_n b_n L_n + (1-\mu) v_n L_n = \frac{w_n b_n L_n}{\mu} \qquad (4-5)$$

由于运输成本的存在，在这里假设 $i$ 区域只有 $b_n$ 部分劳动力用于产品的生产，因此总的劳动者收入等于每个有效劳动者的工资乘以有效的劳动力数量。

（2）生产者。劳动者生产每一个可贸易的产品都存在一个固定成本 $F$，$F>0$ 和一个依赖于区域生产率 $A_i$ 的可变成本。固定成本和可变成本对每个区域都是相同的。因此对于 $i$ 区域的劳动者需求量 $l_i$ 为：

$$l_i = F + \frac{x_i}{A_i} \tag{4-6}$$

假设劳动生产率 $A_i$ 在不同的区域是不同的，因此对于地区 $i$ 利润最大化时的均衡价格可以表示为固定不变的边际成本价格：

$$p_{ni} = \left(\frac{\sigma}{1-\sigma}\right)\frac{d_{ni}w_i}{A_i} \tag{4-7}$$

根据利润最大化和零利润条件，每一个可贸易产品的均衡产出应该为：

$$x_i = \sum_n x_{ni} = A_i F(\sigma - 1) \tag{4-8}$$

（3）劳动力市场均衡。劳动者可以根据真实工资的高低在不同区域之间自由流动，每个地区的真实收入 $v_n$ 取决于人均收入 $p_n$，可贸易产品的价格的指数以及不可贸易资产的价格 $r_n$。因此劳动力流动在不同地区实现均衡时意味着：

$$V_n = \frac{v_n}{(P_n)^\mu (r_n)^{1-\mu}} \tag{4-9}$$

公式（4-2）中的价格指数依赖于消费者得到的可贸易产品数量，产品在区域 $i$ 运往区域 $n$ 的离岸价格以及运输成本 $d_{ni}$，价格消费者得到可贸易产品的市场可达性指数和价格指数为：

$$p_n = (cma_n)^{\frac{1}{1-\sigma}}, cma_n = \sum_{i \subset N} M_i (p_i d_{ni})^{1-\sigma} \tag{4-10}$$

利用公式（4-2），（4-4），（4-7）分别代替公式（4-9）中的变量，则公式（4-9）可以表示为一个区域的均衡劳动力 $L_n$、劳动生产率 $A_i$、交通成本 $b_n$、非贸易产品的供给 $H_n$ 以及两个外生性的变量 $fma_n$ 和 $cma_n$：

$$L_n = \chi b_n^{\frac{\mu}{1-\mu}} A_n^{\frac{\mu(\sigma-1)}{\sigma(1-\mu)}} \overline{H}_n (fma_n)^{\frac{\mu}{\sigma(1-\mu)}} (cma_n)^{\frac{\mu}{(1-\mu)(\sigma-1)}} \tag{4-11}$$

其中，$\chi = \overline{V}^{\frac{-1}{(1-\mu)}} \xi^{\frac{\mu}{(1-\mu)}} \mu^{\frac{-\mu}{(1-\mu)}} (1-\mu)^{-1}$ 它是真实收入的常函数。因此均衡的劳动力数量随着交通技术的改善，最终产品生产率和非贸易产品数量的供给数量的

增加而增加。交通基础设施的进一步完善与网络化发展对产品贸易成本的降低、企业市场可达性 $fma_n$、消费者市场可达性 $cma_n$ 具有正向意义,提高了劳动者均衡数量。根据公式（4-11）可得,高铁的修建,改善了区域的可达性,会使生产者和消费者在更大范围内以更低的价格购买所需的产品和服务,会促使家庭或企业迁往可达性高的地区,获得更优质的服务和生活环境,从而对区域空间格局产生影响。

### 4.1.2　高铁对区域协调发展影响

区域协调发展的重要支撑之一就是铁路交通,尤其是快速、便捷的高铁,更是加快区域间协调的最重要的工具。周孝文（2010）认为,高铁的建设将极大提供我国铁路交通运输周转货运和客运的能力,对缓解我国东中西部经济发展不平衡格局具有重要意义。同时高铁的建设还会加快生产要素流动和东部产业向中西部转移,为企业寻找最有利的区位提供契机,沿高铁线布局的企业形成典型的点轴产业发展带,为未来区域经济发展格局带来新的变化。赵庆国（2010）指出,高铁的运营加快区域间经济资源快进快出速度,网络化的铁路网络将加快贫困地区与发达地区或大中城市的紧密度,促进大中城市产业转型,进而满足不同地区对多类型和多样性生产要素的选择性需求,推动区域间的界限逐步淡化,助推市场经济一体化完善。张学良、聂清凯（2010）提出,高铁在我国的出现将对城市之间的同城化具有助推作用,但是在发展高铁的同时,政府应客观评价其对区域发展的负面影响,同时还应强调高铁枢纽与城市内部其他轨道交通的无缝衔接,只有这样才能充分发挥高铁的效用,提高城市运行效率。张汉斌（2011）指出高铁的运行通过加快人流流动和拓宽企业及居民的区位选择范围,拓宽了本地市场范围,增加了城市对外开发程度和优化了招商引资环境,对加快缩小区域间的经济发展差距铺平了道路。高铁带动了旅游等现代服务业的转型升级,促进了相对落后地区劳动力向外转移,对增加当地劳动力就业和提升劳动力整体素质具有重要意义。

### 4.1.3　高铁对区域经济影响路径

与其他交通运输方式相比,高铁最大的优势在于其速度快、安全系数高,在一定地理范围内具有较强的时间优势。从世界交通运输方式发展历程来看，高铁可以说是目前最舒适、安全及高效的运输方式。同时高铁对城市的影响主要通过客流，尤其是那些时间价值高的人群，如教授、高级管理人员及科研人员。从国际其他国家高铁建设实践来看，高铁的开通增加了人与人之间直接面对面交流的机会，高铁对城市经济总量的提升、对城市与区域产业布局及合理化分工、城市空间结构演变及城镇化体系优化等诸多方面都产生了深远的影响。并且这种影响随着高铁开通时间的增加，不同规模、不同行政级别的城市还会出现明显的梯度效应，具有明显的异质性。

**1. 加速生产要素流动**

高铁的开通加快生产要素的流动，主要可以从资本要素、人力资本要素以及信息要素三个方面来分析对区域经济的影响。首先就资本要素而言，从我国高铁建设的情况来，高铁作为大国重器，其主要的投资来源于中央、地方政府。高铁的投资可以产生较大的投资"乘数效应"，通过高铁投资建设，可以增加与高铁相关的铁路设备的投资，同时可以扩大地方房地产行业的投资，并且与之配套的服务行业也随之增加，从而带动就业和消费数量的增加，进而带动当地经济发展。因此，高铁的建设可以看作从中央到地方的一种直接投资，这种投资可以增加整个社会的消费需求及就业，进而推动区域经济的发展。其次，从人力资本要素方面来看，高铁作为高速便捷的交通运输方式，其主要特点在于准时、速度快。随着人民生活水平的提高及工作频率的加快，越来越多的居民倾向于把高铁作为出差、旅行的必要交通，尤其是对那些时间价值较高的人群，如教授、高级管理人员等，他们为城市所带来的更多是知识、信息和资金等要素，进而转变城市发展思路，人才不可为我所有，但可为我所用，在很大程度上可以优化区域生产要素的合理配置，使其发挥更大的效用。第三，从信息要素方面来看，高铁的开通压缩的城市间的时间和空间距离，可以扩大居民和企业的区位选择。在这些市场经济主体区位选择过程中，可以加强政府、企业和居民之间的相互交流。同时，企业和居民带来的各种信息和技术可以在很大程度上弥补由经济发展带来的技术和创新差距，促进区域间的进一步合作。在此基础上，城市间还可能加快信息交通基础设施的建设，实现跨区域间的信息共享。

**2. 时空收缩效应**

高铁的修建与发展可以减缓城市间的距离摩擦，压缩城市间的时空，进而扩大城市间的交流与合作。高铁带来的这种时空压缩效应主要体现在这两个方面。一方面是高铁沿线城市之间的时空压缩。高铁作为大中城市间快速的轨道交通，把沿线的城市串联起来，进一步提升了沿线中心城市的经济实力，更多的要素不断向其集聚，从而对城市产业空间布局、城市功能转型具有重要的作用。对于那些高铁沿线的次中心城市，可以有效推动这类城市规模的扩张，通过吸引更低一级城市的生产要素，实现小范围内的经济集聚。另一方面，高铁的建设提高了沿线城市的通达性，这些城市周边的小城镇为了可以最大化地利用高铁线，会极力推动与这些城市交通设施的建设，从而加快要素的流动。因此，高铁的运营，通过进一步压缩城市间的时空距离，加快生产要素的流动，有利于区域增长极的形成与壮大，提升区域经济一体化水平。从我国已开通高铁的城市和城市群发展的现实情况可以看出高铁的效果，例如京沪高铁的开通与运营，加快了京津冀城市群、长江三角洲城市群及山东半岛城市群之间的时空距离，加快了城市群之间的人员流动，作为东部沿海城市的大通道，沿线的城市互动融合效应日益明显，对跨城市产业分工和人才匹配具有促进作用。与此同时，武广高铁的开通，压缩了从武汉到广州的距离，同时也进一步促进了沿线地级城市，如岳阳、郴州、韶关等城市间的交流，促进了湘鄂文化和粤港澳文化相互融合。对那些城市规模相对较小的城市，如咸宁、清远等，也进一步拉近了与大城市之间的距离，沿线城市形成明显的梯度交流发展态势。

**3. 促进产业结构转型**

高铁的建设可以加快城市产业结构转型，尤其是对那些以制造业为主导产业的城市。第一，就高铁制造的过程来讲，由于高铁的速度快，同时还要保证其安全性，因此在制造过程中其各零部件的质量和相关配套技术标准都要求比普通铁路高很多，尤其是其信号系统。这些高标准的要求，进一步要求城市间密切合作，提升制造业中的创新能力和技术水平。从国外发达国家高铁的发展历程来看，高铁的修建使与之相匹配的装备制造业实现了质的发展，推动由劳动密集型的制造业向信息化、智能化等方向转变，实现了区域城市创新型发展，进而拉动了传统产业向高新技术产业转型。第二，高铁产生的时空压缩效应，可以使居民产生更多的区位选择，尤其是旅游。高铁的发展转变了居民旅游方式，进一步带动旅游城市相关餐饮行业、酒店行业及咨询服务行业的发展。第三，高铁使高端技术人才和管理人才之间面对面交流的机会大大提升，这些人员带来的信息、技术和资金，会进一步推动相关企业的合作。对城市间的产业合理分工更加有利，那些欠发达的城市相关产业可以通过高铁进一步强化与这些高端生产要素的联系与合作，从而可以及时吸收发达地区的经验和技术，实现本地产业的转型与发展。

**4. 优化区域城市产业布局**

高铁是跨城市间的轨道交通，通过高铁的建设与运营，可以进一步优化城市之间的产业布局，形成合理的产业分工。从目前高铁运营的情况来看，高铁主要连接的是我国的省会城市及大城市，这对提升城市的可达性具有十分重要的作用。城市可达性的提高，可以吸引周边更多的生产要素集聚，尤其是那些生产链上游的环节到大城市集聚，有利于优化大城市的产业结构，实现集聚效应。京津高铁的开通，对北京和天津两个城市分工具有明显的促进作用。随着京津城际高铁的开通，更多的上班族开始选择在天津买房居住，在北京工作，两个城市间的同城效应明显加强，这在很大程度上促使北京进一步向研发、总部经济方向发展，天津更多地向制造、居住等环节发展，促使了城市间的合理分工。受城市规模和经济发展实力的影响，高铁对区域产业发展方向具有明显的差异。对大城市而言，高铁的投资建设可以带动更多的产业发展，如酒店、房地产等行业，进而增加城市就业，而小城市受客流量的限制，高铁站周边相关配套设施相对滞后，不能形成带动城市发展的增长极。高铁沿线的城市及其周边的小城市，受经济实力和相关配套设施的影响，各城市对要素的集聚能力也会形成明显的梯度效应，因此高铁还在很大程度上改善区域内部城市体系，更高级别的城市通过轨道交通对周边城市产生外溢效应，中小城市通过吸收大城市的产业转移和技术外溢，加快城市间的产业合理布局。

## 4.2 高铁线对城市、城市群的影响

从城市和城市群纬度来看高铁的影响,高铁站和高铁线对城市空间格局和城市体系的影响受到城市规模、城市发展规划、高铁站位置及城市经济实力等因素的影响,进而造成高铁对城市或城市群的影响具有明显的异质性。

### 4.2.1 高铁对城市通达性影响研究

可达性是分析交通基础设施对区域公平性的一个重要工具。早在19世纪70年代后期就有学者利用通达性的变化研究区域间不公平问题(Domanski, 1979)。而高铁的开通对区域或城市的通达性具有重要影响。高铁的开通扩大了区域之间的发展差距,那些高铁设站的城市或区域可以创造出更多的区位优势(Vickerman, Spiekermann & Wegener, 1999),可以吸引更多生产要素进入,那些未开通高铁的城市逐渐沦为边缘城市,这些区位优势主要反映在居民获得的信息数量、交流的次数及出行距离变化(Vanden, Ber & Pol, 1998)。日本新干线的开通对那些设站城市在就业、人口增长、经济增长尤其是对工人与企业职业之间匹配质量提升方面具有重要影响(Brotchie, 1991)。Chen and Hall(2011)把英国城市分成三类:一类是距离伦敦1小时范围内;二是2小时范围内;三是2小时以上。结果证明,距离伦敦1小时范围内的城市受其知识溢出和产业转移影响最强,那些未开通高铁的城市,城市的发展更多集中在服务本地经济活动,知识溢出效应较小。高铁对城市通达性的影响也存在较大差异。交通基础设施的改善,压缩了城市之间的空间距离和时间距离,通过创造新的"廊道"效应,形成新的城市发展轴带和新的区域性中心城市,对城市的综合实力进行重新划分,促使区域的空间结构演变。高铁提高其沿线城市的可达性,给沿线居民出行方式带来革命性的变化,通过节约旅行时间和降低运输成本,实现大规模人群的快速移动(Blum, 1997; Gutierrez, 2001)。随着城市可达性的提高,城市不再仅作为单一的经济个体,高铁在很大程度上把各城市连接成一个城市群体,以城市群的形式

参与竞争（Brito，Correia，2010）。城市发展明显受到交通基础设施网络可达性的影响，建有高铁站点的城市出现了明显的经济增长（Gutierrez，1996）。高铁的开通具有明显的经济分布效应，高铁修建将对区域核心城市的可达性、经济增长具有积极影响，而对非中心城市、边缘城市及沿途的中小城市具有明显的抑制效应（Spiekerman，Wegener，1994；Vikerman，1997；Givoni，2006；Preston，Wall，2008）。高铁的开通运营显著削弱了各地间的时空摩擦力，有效地缩短了主要城市之间的时间和空间距离。蒋海兵等（2015）应用可达性指数与标准交通经济成本参数，测度了高铁通车前后全国陆路可达性的空间格局变化，结果显示，高铁提高了全国陆路可达性的整体水平与交通网络的客流运输效率，扩大了中心城市的辐射范围，重构城市与区域的空间格局。黄洁等（2016）从中心城市一日交流圈角度对高铁的可达性效应进行测度和分析，结果表明受城市区位条件和高铁建设位置的影响，不同城市在可达性提升方面存在较大差异。冯长春、丰学兵、刘思君（2013）运用加权平均旅行时间对高铁修建后我国省级可达性及空间格局进行实证分析，研究结果证实了高铁带来时间和空间距离的缩短，并没有改变传统客运方式带来的"中心—外围"空间模式，只是使各省级的层面上的通达性更加均衡。姜博等（2016）基于时间、经济与重点视角利用可达性模型，对我国"四纵四横"高铁网的可达性进行了对比分析，结果表明我国高铁对城市的影响正从"核心—核心"向"核心—网络"转变，"T"形轴带在高铁的作用下，逐渐形成"多中心"城市群格局。钟少颖、郭叶波（2013）通过对全国153个城市通达性的分析，结果表明高铁对城市的影响还可能同城市其他交通方式相关，如公共交通和高速公路的影响，高铁作为跨城市间的轨道交通可以提升城市外部的可达性，为城市对外开放和招商引资提供了基础条件。另外那些本来区域位置偏僻的城市，仍然无法享受高铁带来的经济效益，导致区域间财富重新分配。

### 4.2.2　高铁对沿线城市格局的影响

高铁的修建可以看作是对其沿线城市发展过程中的一个外部冲击，减少了运输成本，随着交通运输成本的下降，城市居民活动范围也相应的提升，增加了城市居民的福利水平。Pol（2002）把城市分为两类：一类是"转型中"的城市，即从工业城市向服务型城市转型；另一类是"国际化服务型"城市。对"转型中"的城市而言，高铁的开通提升了外部可达性，提升了城市经济发展潜力，生产要素可以进入更高层的市场。但是这种转变需要城市具备创新和经济实力强劲两个前提条件，否则这种外部冲击会使城市中一些经济活动向其他城市转移，反而削弱城市竞争力。对于"国际化服务型"城市，这类城市已经具备较高的经济发展潜力和具备吸引企业的生产要素，如高素质的居民、高水平的产业集聚和完善的法律体系。随着高铁的开通，这类城市将会得到更强劲的发展。

城市的发展和交通基础设施建设两者相互依赖。交通基础设施能否促进城市经济发展，主要取决于"扩散效应"和"集聚效应"。扩散效应表现为大中城市通过高铁带动了周边相对落后的城市或区域的发展。集聚效应表现为相对落后地区的生产要素通过高铁向大中城市集聚，形成强大的"虹吸效应"，不利于相对落后地区发展。例如巴黎和伦敦的城市空间结构在很大程度上依赖于早期的大都市轨道交通的建设，大型轨道交通的建设提高了城市中心之间、城市中心与次中心之间的通达性，促使城市空间沿着轨道交通布局。同时，城市空间结构的变化也为新的交通体系提供了前提条件（Muller，2004）。高铁作为城市间沟通的重要通道，研究高铁对城市空间结构的变化首先应对高铁站点所在的城市进行分类（Priemus，2008），一类是高铁的开通促进了城市发展，另一类是高铁站促进了站区周边土地开发，进一步增强了城市"极化效应"。例如法国里尔高铁站坐落在原有火车站附近，TGV的开通使原本即将衰落的城市焕发出新的活力，一系列的商店、文化企业、房地产和高档办公用地开始出现在火车站周边，与城市中心功能相互补充，火车站周边的商业布局主要面向年轻的消费者，而城市中心面对的主要是老年消费者（Bertolini，2000）。林仲洪（2010）也认为，中国城镇化正进入加速发展时期，旅客运输需求总量迅速增加，城市间旅客交流强度加大，同时对交通运输效率和节能环保提出了更高要求。高铁的出现可以说是促进沿线城市体系的完善，进一步优化了城市土地开发和加快城市主导产业转型，对提高城市居民收入和生活质量具有长远影响。彭宇拓（2010）认为高铁网络的完善对我国城市化道路和城市群发展模式都将起到推动作用，并提出以高铁为发展轴，构建我国"八纵八横"的网络化城市群格局的设想。

### 4.2.3 高铁与城市群发展

高铁修建后,由于快速、便捷、安全等特征,高铁沿线城市的资金、物资、技术、信息的流动加快,从而使原来相互独立的单个城市重新进行区域协同和产业分工,形成一个功能上互补、经济上紧密联系的城市系统。从国外的经验来看,高铁的修建有利于现代大都市群的产生。高铁修建后,运输效率得到提高,区域间的贸易大大增加,有利于原来单中心城市格局向多中心城市格局转变,进一步强化了中心城市在交通运输网络和城镇体系网络中的中心地位,从而使区域中心城市继续保持合力并具有更强的竞争力,成为区域经济的增长极。高铁站的集聚效应,对城市形成新的城市功能区具有促进作用。作为城市发展的重要节点,高铁站所形成的高铁新城一方面接受城市中心的辐射,另一方面还受到沿线城市的辐射,作为城市发展新增长极,是城市转型过程中重要的功能区之一。城市群在发展初期,主要表现为单中心城市扩张,中心城市凭借其完善的基础设施和经济实力,形成对周边城市的辐射和吸收效应,使周边区域的生产要素向其集中,城市规模的不断扩大,原本城市郊区的地方逐渐成为城市的副中心。从空间形态上来看,此时城市的副中心与城市中心联系得相对简单,城市与城市之间相对独立。随着城市规模的进一步扩大,各城市的边缘相互融合,依托城市间主要交通,城市间的人流、物流联系加强,形成城市群。此时,城市群内部的中心城市规模仍不断扩大,城市群内部不同规模、不同等级的城市数量开始增加。便捷的交通网络实现了各要素在城市之间的快速流动和资源共享,增强了沿线城市的相互联系,形成合理的地域分工体系,加快城市群的形成。杨永平、宗传苓(2009)研究珠三角及深圳境内城际轨道交通规划和建设问题。通过论证城际轨道交通对珠三角区域城市群结构重塑,以及区域经济、一体化交通发展及深港同城化的作用,提出了区域性城际轨道交通规划与区域协调发展的一体化战略。其提出,城市化进程的加速使城市在竞争与合作中发展,城市群、都市圈成为城市空间发展的新趋势,城市及其区域一体化是未来城市空间布局的关键,城市轨道交通作为城市空间结构的骨架构建了城市布局,城际轨道交通的规划建设为区域空间整合提供了机遇。李翠军(2011)则认为,高铁对经济社会产生的扩散和集聚效应将成为区域或城市经济发展的新引擎,进一步弱化城市间的界限,共享城市发展资源和促进不同地区文化交流,武广高铁将使武汉面临更为复杂的竞争环境,武汉面临着进一步增强城市综合服务能力的巨大压力,未来武汉应着重从交通能力、对外辐射能力和技术创新能力三个方面放大高铁正向效应,使高铁带来的负"虹吸效应"降低到最小。Blum 等学者(1997)的研究表明,高铁带来可达性的提升把区域内部相互分割的地区和城市连接在一块,使城市逐步向综合经济功能区或城市连绵区转变。

### 4.2.4 高铁对城市体系重构影响

高铁的建设为城市经济发展提供了面对面交流的机会,同时人与人之间的交流为城市经济积累了知识资本。然而,高铁对城市体系的发展无论从长期还是从短期来看都是非常复杂的。其中一种观点认为,高铁的建设在短期内会促进经济的增长,但从长期来看,高铁的建设会导致区域经济不平衡发展,核心城市的竞争力得到快速的提升,而边缘城市或区域经济增长逐渐下降。因此高铁并不能促进区域经济一体化发展,带来的只是"极化效应"(Elhorst,Oosterhaven,Romp,2008;Hall,2009;Preston 和 Wall,2008;Vickerman,1997)。另一种观点认为,高铁建设可以提升城市通达性,改善经济主体的区位条件,缩短城市之间的时间距离,促进区域经济的增长,尤其是高铁站点对城市的经济增长具有长期的推动作用(Ahlfeldt 和 Feddersen,2010;Kim,2000)。

在区域协调发展和新型城镇化背景下,我国这种大规模投资式的高铁建设能否进一步优化我国城市体系,将高铁建设纳入研究,通过对 Kiyoshi 和 Okumura (2009)模型进行扩展,构建基于知识、土地、工资的多区域经济增长模型,研究高铁建设对我国城市经济增长影响。

(1)基本假设。假设经济系统是由 n 个城市组成,这些城市由高速铁路相连。并且这些城市生产一种固定产品,该产品可以进一步用来企业生产也可以用以消费。城市内部及城市之间的商品流动是无运输成本的,并处于一种完全竞争状态。城市之间的面对面的交流可以自由流动,生活在城市中的居民无论在城市什么位置都可以享受同样的效用水平。每个城市都属于单中心城市，分为 CBD 和居住区域。产品在生产过程中使用资本、知识和劳动力，并且假设知识具有地域属性，不随人的流动而发生转移。但是知识的积累是由人通过面对面的交流和干中学中不断得到提高。在完全竞争条件下，劳动力和资本可以充分实现价值，并且城市之间商品、人口和资本可以无障碍自由流动。

（2）单中心城市模型。在每个城市中，假设 CBD 是城市中的一个点，居住区域均匀分布在城市中，居住区域 CBD 之间存在通勤成本，并且该成本由每个居民自己负担，周边没有农业用地，也就是说在城市的边缘，土地的价格为 0。

假设某一个居民居住在 $i$ 城市的距离 CBD 为 $\mu_i$ 的距离处，效用函数由其消费的商品 $x_i(\mu_i)$ 及住房的规模 $l_i(\mu_i)$ 共同决定，$l_i(\mu_i) = 1$。在预算约束 $y$ 的条件下，消费者的消费函数为：

$$x_i(\mu_i) = y_i - p_i(\mu_i) - c_i\mu_i \qquad (4-12)$$

式中，$y_i$ 为城市 $i$ 中的收入，$p_i(\mu_i)$ 为居住在距离 CBD 为 $\mu_i$ 处居民的土地租金；$c_i$ 为城市中居住区域与 CBD 之间，单位距离的通勤成本。则居民的间接效用成本为：

$$V(\mu_i) = y_i - p_i(\mu_i) - c_i\mu_i \qquad (4-13)$$

对确定的居民来讲，当实现空间均衡时，有 $\frac{\partial V(\mu_i)}{\partial \mu} = 0$。同时由公式（4-13），可以看出随着通勤距离的增加，通勤成本上升的部分可由土地租金抵消。因此，可以得到 $\frac{\partial p_i(\mu_i)}{\partial \mu} = -c_i$。根据假设城市边缘土地租金为 0，可以得到在城市边缘 $\mu_i = L_i$ 处，$p_i(L_i) = C_0 - c_iL_i = 0$，因此可以得到：

$$p_i(\mu_i) = c_i(L_i - \mu_i) \qquad (4-14)$$

城市边缘地区，居民的效用函数为：

$$V_i = y_i - c_iL_i \qquad (4-15)$$

当不考虑城市内部居民所在的位置时，在空间均衡条件下，每个居民获得效用均由公式（4-14）给出。

设城市的规模 $N_i$ 与城市可利用土地相关，且由公式（4-15）给出：

$$N_i = \int_0^{L_i} 2\pi\mu_i d\mu_i = \pi L_i^2 \qquad (4-16)$$

根据每个人的消费函数，可以根据城市总人口把其加总获得总的需求函数，其形式为：

$$F_i = \int_0^{L_i} 2\pi\mu_i x_i(\mu_i) d\mu_i = N_i(y_i - c_i \pi^{-\frac{1}{2}} N_i^{\frac{1}{2}}) \qquad (4-17)$$

每个城市中总的土地租金及交通成本由公式（4-17）和公式（4-18）给出：

$$P_i = \int_0^{L_i} 2\pi\mu_i p_i(\mu_i) d\mu_i = \frac{1}{3} c_i \pi^{-\frac{1}{2}} N_i^{\frac{3}{2}} \qquad (4-18)$$

$$T_i = \int_0^{L_i} 2\pi c_i \mu_i^2 d\mu_i = \frac{2}{3} c_i \pi^{-\frac{1}{2}} N_i^{\frac{3}{2}} \qquad (4-19)$$

根据以上分析，每个城市的土地利用方式由 $N_i$，$c_i$ 和 $y_i$ 决定。每个居民均衡时获得的效用水平可以写成：

$$V_i = y_i - c_i \pi^{-\frac{1}{2}} N_i^{\frac{1}{2}} \qquad (4-20)$$

假设城市具有地域属性，每个城市的居民拥有不同的知识结构。当城市居民在城市之间流动时，他们可以获得其到达城市的知识结构，并放弃之前所在城市的知识结构。为衡量劳动力在流动中知识结构的变化，还假设流动中的劳动力只能获得其所到达城市的部分知识，即 $\eta Z_i$，其中 $0 \leq \eta \leq 1$，劳动者获得的知识结构，可以在其生产过程中得到充分利用，因此在城市生产过程中的劳动力可以用 $\eta Z_i N_i$ 来衡量。对于获得劳动力流入的城市，其生产过程在不变规模报酬条件下，生产函数受 $K_i$，$N_i$ 和 $R_{ij}$ 的影响。具体形式如公式（4-10）所示：

$$Y_i = K_i^\alpha (\eta Z_i N_i)^\beta \left\{ \sum_{j \neq i} \eta Z_i N_i \left( \frac{R_{ij}}{\eta Z_i N_i} \right)^\xi \right\}^\gamma \qquad (4-21)$$

其中，$Y_i$ 表示城市的总产出，$K_i$ 表示资本存量，$Z_i$ 表示城市知识结构，$R_{ij}$ 表示城市 $i$ 和城市 $j$ 之间面对面交流的数量，式中 $\alpha$，$\beta$，$\gamma$ 均大于 0，$0 \leq \xi \leq 1$，同时 $\alpha + \beta + \gamma\xi = 1$。产生生产部门通过 $K_i$，$N_i$ 以及 $R_{ij}$ 来使其利润最大化，而人力资本存量 $\eta Z_i N_i$ 外生给定，是决定生产的关键变量。通过公式（4-10）可知，城市间通过高铁的连接，可以促进其生产技术的提升，不同城市由于对知识来源的可达性不同，其最终获得产出也不同。由上述公式，可求一阶偏导，获得资本

的边际产出、劳动力的边际产出以及面对面交流的频率的边际产出,分别用 $r_i$、$w_i$、$d_{ij}$ 表示:

$$r_i = \frac{\alpha Y_i}{K_i}$$

$$w_i = \frac{\alpha Y_i}{N_i}$$

$$d_{ij} = \gamma \xi Y_i \frac{\eta Z_i N_i d_{ij}^{-\frac{\xi}{1-\xi}}}{R_{ij} \sum_{k \neq i} Z_k N_k d_{ik}^{-\frac{\xi}{1-\xi}}} \qquad (4-22)$$

命题 1:高铁通过增加了人与人之间面对面交流的机会,加快信息传播与共享,间接提升城市人力资本存量,实现城市经济发展。

(3)城市经济发展的一般均衡。假设城市获得的财政收入来自土地租金,每个居民拥有等量的土地面积,并且政府通过行政权力把获得的收入分配给城市中的居民,构成城市居民的收入来源之一。根据假设,允许有 $\theta P_i$,其中 $0 < \theta < 1$,可供政府用于在居民中平均分配。因此,城市居民的收入来源有:工资性收入、土地租金收入及资本性收入。当允许部分土地租金在居民中平均分配时,则每个人的土地租金收入为:

$$p_i = \theta \frac{P_i}{N_i} \qquad (4-23)$$

由于资本可以在城市间自由流动,则居民资本性收入为:

$$k = \frac{\sum_j r_j k_j}{N} \qquad (4-24)$$

此时,人均资本净收入为工资率、土地租金和资本性租金收入减去储蓄:

$$y_i = w_i + k + \theta \frac{P_i}{N_i} - s \qquad (4-25)$$

资本的自由流动,允许整个经济系统的资本存量可以在各地区之间平均分配,各地区的资本市场均衡时,则有:

$$r_1 = r_2 = \cdots\cdots r_M = r$$

$$\sum_i^M K_i = K(t) \qquad (4-26)$$

式中 $K(t)$ 表示在时间 $t$ 时，资本存量的总量，$r$ 是保证资本市场出清时的资本利息率。在劳动力市场中，由于劳动力在各城市间可以自由流动，因此工资率决定了劳动力市场的均衡，当各城市工资率相同时，劳动力失去了流动的动机，此时劳动力在各城市间均衡分配：

$$V_1 = V_2 \cdots V_M = V$$

$$\sum_{i}^{M} N_i = N(t)$$

其中，$V$ 是均衡时效用水平，$N(t)$ 为 $t$ 时间内经济系统的总人口。

（4）城市增长模型。由基本假设可知，经济系统生产出的产品要么用来消费或用来投资。新古典经济模型描述资本积累的过程，如公式（4-27）所示：

$$\frac{dK}{dt} = \iota \sum_i Y_i - \delta_K K \qquad (4-27)$$

其中，$\iota = \frac{sN(t)}{\sum_i Y_i}$ 为居民的储蓄倾向，$\delta_K$ 为资本的折旧率。生产企业的研发活动以及城市间知识交流可以增加知识资本存量，提升社会生产率（Kobasyashi，Batten，Andersson，1991）。因此，每个城市的知识资本积累可由公式（4-28）表示：

$$\frac{dZ_i}{dt} = \frac{fY_i}{N_i(1+h\eta Z_i)} + g\left\{\sum_{j \neq i} \eta Z_j N_j \left(\frac{R_{ij}}{\eta Z_j N_j}\right)^{\xi}\right\}^{\gamma} - \delta_Z Z_i \qquad (4-28)$$

其中，$f$，$h$，$g$ 分别表示干中学效应、规模递减效应和知识交换效应。$\delta_Z$ 表示知识的折旧率。由该公式可知，知识资本的积累跟生产规模呈正比，企业的知识资本积累与居民面对面交流的频率呈正比，与知识的折旧率呈反比。

命题2：高铁开通可以通过知识溢出效应，促进城市知识资本存量的增加。

（5）城市经济增长的空间结构。商业部门生产过程中产生的成本包括资本拥有者的资本性收入，雇用工人的工资收入和交通成本。在规模收益不变的条件下，其份额分别为：

$$\frac{rK_i}{Y_i} = \alpha, \frac{w_i K_i}{Y_i} = \beta, \frac{D_i}{Y_i} = 1 - \alpha - \beta \qquad (4-29)$$

其中，$D_i = \sum_{j \neq i} d_{ij} R_{ij}$ 表示高铁开通后面对面交流的交通成本。到达特定城市

$j$ 的交通成本是城市 $i$ 中商业部门支付交通成本的一部分，$v_{ij} = \dfrac{D_{ij}}{D_i}$，即：

$$v_{ij} = \frac{\eta Z_j N_j d_{ij}^{-\frac{\xi}{1-\xi}}}{\sum_k \eta Z_k N_k d_{ik}^{-\frac{\xi}{1-\xi}}} \quad (4-30)$$

单位产品由城市 $i$ 运输到城市 $j$ 的运输成本为：

$$\frac{R_{ij}}{Y_i} = \gamma \xi \frac{v_{ij}}{d_{ij}} \quad (4-31)$$

根据式（4-10）和式（4-11），可知

$$w_i = \alpha^{\frac{\alpha}{\beta}} \beta (\xi\gamma)^{\frac{\xi\gamma}{\beta}} \gamma^{-\frac{\alpha}{\beta}} \left\{ \left( \sum_{j\neq i} \eta Z_j N_j d_{ij}^{-\frac{\xi}{1-\xi}} \right)^{1-\xi} \right\}^{\frac{\alpha}{\beta}} \eta Z_i \quad (4-32)$$

## 4.3 小结

从交通运输体系来看，高铁需要与其他的运输方式形成一体化的发展模式。从国外的发展经验来看，高铁在很大程度上减少了城市间的时间距离和空间距离，对不同交通方式的市场具有不同的影响，同其他运输方式无缝换乘不仅有利于高铁客流的增加，同时可以提升整个城市运输体系的效率。

从区域层面上来看，高铁的开通对区域空间结构和区域经济一体化，为实现区域平衡发展起到重要作用。高铁线更倾向增加沿线城市的商业、知识和劳动力的溢出效应，高铁时代，城市发展模式势必从单中心城市的孤立发展走向多城市互联互动、相互制衡发展。利用高铁对区域经济资源再配置作用，充分发挥其集聚和扩散效应、协同效应、规模效应提升整体竞争力，在更大范围内考虑城市空间发展问题，打破行政区域化壁垒、打破地方保护，建立区域间、城市间和共赢发展机制。随着高铁的开通，城市间生产要素加速流动，那些投资环境优越、行政效率高的区域会吸引人才、资金和信息向其集聚，因而自身规模大、实力强的城市受益更明显。反而那些先天条件较差，综合发展实力较弱的城市会面临人才的流失和企业的外迁，对经济产生负面效应。

从中观角度来看，高铁吸引了大量高端商务群体和旅游人群，高铁站枢纽或站点的周边往往是人口、商业、居住交汇的地区。高铁催生新城经济，促进商

务、房地产、旅游等产业的快速发展，高铁站点特别是综合交通运输枢纽会逐渐成为城市新的增长极。它促进了以中心城市为核心的城市群或大都市圈的形成，在特定的区域范围内集聚了不同类型、规模的城市，以超大城市、特大城市为依托，以一定的自然环境和高速铁路通道为条件，沿线城市可达性进一步提高，经济联系更加紧密，中心城市、次中心城市及众多城镇形成相对完成的城市体系，实现区域经济一体化。

# 第 5 章　高铁站点对城市多中心格局的影响

　　高铁站的建设主要体现高铁开通带来的人流、物流和信息流等生产要素的汇集对城市内部功能分化的影响上。不同历史时期，不同的交通模式对城市的空间形态有重大影响，交通枢纽站坐落的位置对城市功能结构、产业布局和空间发展方向具有重要影响（Cervero & Murakami，2009）。同时那些高铁设站的城市在可达性提高方面受影响最大，也就是说高铁站才是高铁对城市带来积极影响的物理载体（王辑宪，2011），随着高铁站周边配套服务设施的不断完善和交通设施的建设，围绕高铁站形成的新城市功能区将吸引城市居民在此停留、居住，为实现城市多中心增长极，打造新的城市空间注入新的活力。

## 5.1 高铁站选址与城市空间的关系

高铁站作为高铁铁路网络中的节点,既担负着运输中转功能,同时还具有部分城市功能。关于高铁站在城市范围内的位置选取,不同的学者也有不同的观点。一种观点认为高铁站应以原有火车站为基础,充分利用既有火车站周边的配套设施和交通干线,进一步强化城市核心功能,节省建造成本。另一种观点认为高铁站应在城市范围内重新选址,以形成城市新的发展空间,引导城市郊区发展,扩大城市规模。尽管有不同的观点,但总体上来看高铁站的修建对城市空间发展影响受到城市规模、经济实力及城市发展品质、城市发展总体规划等因素的影响。从我国高铁站建设情况来看,高铁站与城市空间关系大致可以分为三类,分别为融合型、边缘型和郊区型。

### 5.1.1 融合型

在既有火车站基础上经过扩建或改造形成的高铁站,一般位于城市功能较完善的区域,如北京南站。该类型的高铁站不仅节省了建设成本,同时还重新焕发了周边区域的经济活力。由于既有火车站区已具备完善的城市功能,高铁通车带来的大量人流、物流增加的各种需求,还可以依赖原有的配套设施与城市发展实现无缝对接,周边交通网络发达、土地开发成熟,通过对原有城市功能的疏解和产业转型的升级,高铁站进一步强化了既有城市功能。同时由于高铁站区周边城市功能相对完善,交通基础设施便利、产业布局合理,可能会造成城市空间内部发生不同程度的竞争,造成其他区域功能弱化或升级,使城市经济重心发生偏移(见图5-1)。

该类型高铁新城以高铁枢纽点为核心,面向城市中心,以主干道为发展轴,形成影响半径500~1000米的产业发展轴带,道路两侧布局商务办公、酒店等各种功能区,随着新区的不断发展,最终形成高铁新城交通节点—高铁枢纽站—高铁新城中和中心轴带。该类高铁站是在原有基础上发展形成的,是对城市原有功能的一种置换和重新布局,当大量人流汇聚在高铁站周边时,城市原有的产业、

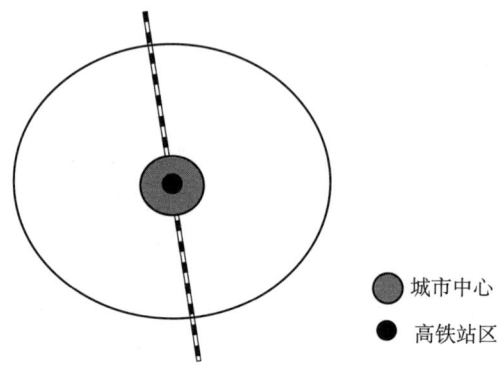

图 5-1 融合型高铁站示意图

交通必须加快转型升级,以满足人流和物流大量增加的需要。当然如果城市土地规划和产业发展规划没能及时调整,会造成高铁站周边经济要素过度拥挤,影响城市发展形象。

武汉高铁商务区位于杨春湖地区,是主城区重要节点,总规划面积1103公顷,目前启动区规划为42.3公顷。根据《杨春湖城市副中心综合规划》可知,未来该商务区将打造为我国的重要转乘中心,中部地区的国家级综合交通枢纽和集散中心,武汉现代服务功能区和绿色生态活力新区(见图5-2)。

### 5.1.2 城边型

我国城市高铁站大都属于此类型,之所以建设在城市建成区边缘范围内主要是考虑高铁建设成本和保持高铁直线运行的速度。沿高铁线规模较大的城市,既有火车站周边过度拥挤,土地资源紧张,高铁站可能会造成更严重的拥挤。因此,需要在城市建成区的边缘地区修建新的高铁站,形成均衡的城市发展空间。目前,我国绝大多数城市的高铁站都布局在城市建成区的边缘,这类火车站一般都属于新建车站,车站及周边土地开发尚未成熟,城市功能相对单一,主要是住宿、餐饮及旅游咨询;此类型车站距离城市市中心仍有一段距离,但是同时又没完全脱离城市原来的发展形态,位于城市的郊区位置。由于处于城市郊区,高铁站的修建可以为新的城市中心提供新的消费和生产空间,便于城市中心与高铁站周边形成功能互补的空间结构,加上便利的交通联系,有利于分散城市中心原有

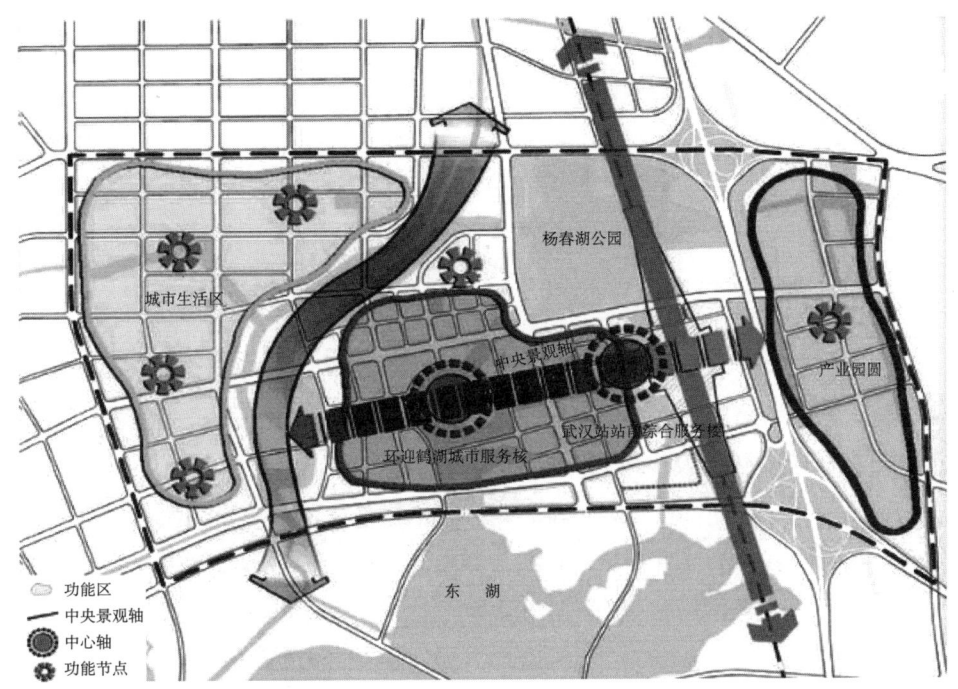

**图 5-2 武汉高铁商务区城市规划**

资料来源：武汉杨春湖地区概念规划。

的客流和部分产业活动。城市边缘型高铁站由于发展初期城市功能较为单一，如果仅把高铁站作为交通枢纽，而忽视了城市功能属性，则有可能会将高铁站区与原有城市中心分割开来，此时高铁站就如同城市中心的附属物，长期会导致城市内部出现核心—边缘发展模式，反而影响整个高铁站区及周边的经济发展。高铁站不仅作为城市的重大交通节点，并且通过交通与周边的环境连接在一起，形成以高铁站为核心的 15min 综合服务区。在圈层外则布局着支撑新城发展的功能组团，如居住组团、物流组团、商务组团等，布局在轴线两侧，共同支撑城市空间的发展（见图 5-3）。

广州市高铁站远离城市中心，是中心城市发展的一块飞地，它的发展超过了对广州市的影响，对更大范围内城市群的发展有明显的作用。广州高铁新城在城市郊区有完善的公共设施和住宅，在经济、文化及生活上与广州市有着密切的联系，属于广州市的"卫星城"。这类高铁新城发展依托城市与高铁站之间的主干道，垂直

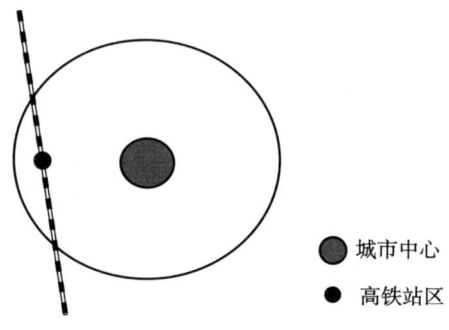

图 5-3　城边型高铁站示意图

于高铁线，两条线路交汇于高铁站，形成圈层的发展核心区域。在主城发展的推动下，广州结合新客站建设为催化剂，整合周边的资源，联合南海、顺德及广州新城，形成了一条东西向的区域发展轴，增强了向南发展的动力，同时新客站将推动番禺地区与周边地区的协调发展，成为广州南部新的增长极（见图 5-4）。

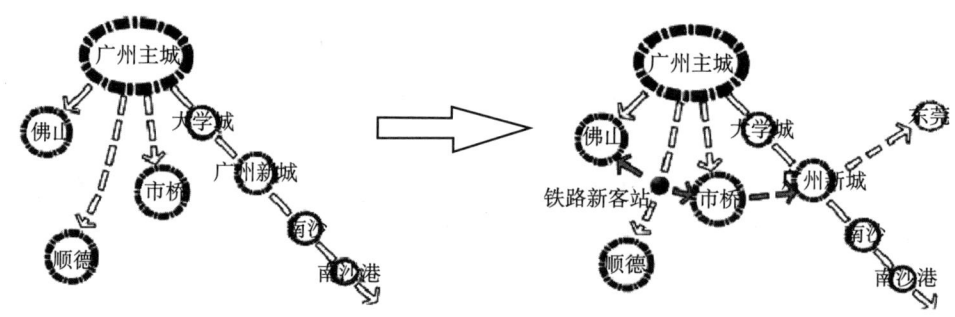

图 5-4　高铁站对广州空间扩展的影响

资料来源：陈重新. 用地政策对城市空间扩展的影响研究——以广州市为例［D］. 中山大学，2000.

## 5.1.3　远郊型

相对于边缘型车站，远郊型高铁站距离城市中心较远，基本上脱离城市中心的辐射范围，并且与原有城市中心的联系相对较弱，因此城市修建此类高铁站主要基于城市远期发展规划考虑，将来以高铁站打造新的城市新增长极，也就是高铁新城，如德州东站、沧州西站、保定东站、邢台东站。该类车站适用于那些城市规模相对较小，经济发展欠发达，城市空间扩张较快的城市。同时城市中心与高铁站交通优势比较明显，高铁站周边有综合性交通枢纽，因此即使离市中心较远，也容易形成区域性的交通综合枢纽，城市功能容易在此集聚，形成新的城市发展空间。虽然远郊型高铁站是满足于城市长期发展规划，但对于那些经济水平有限、高铁服务质量较低的小城市，其周边发展较为缓慢，反而抵消了高铁带来的可达性优势（见图 5 - 5）。

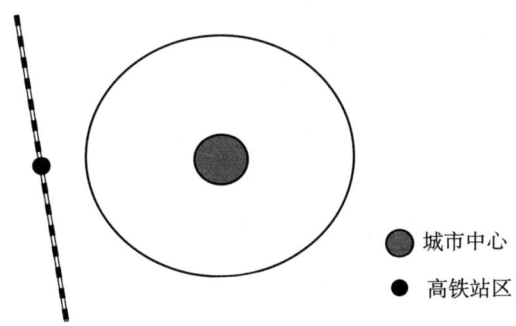

图 5 - 5　远郊型高铁站示意图

安阳高铁新城布局于城市远郊区，依托高铁枢纽建设高铁新城，进一步完善了城市功能结构体系，解决城市发展积累的拥堵、就业、生活等问题。吸引城市中心城区人口和产业向新城区集聚。其空间发展模式基本延续了原有城市的发展模式，与中心城区相向拓展。这类高铁新城发展，在交通、用地和基础设施等方面都需要与城市相衔接，在未来空间发展中，如果两城距离太近，则高铁新城起不到应有的作用，反而会相互制约；如果两地距离太远，则中心城区对高铁新城的辐射带动作用较弱。因此，这种"双蛋黄"式的高铁新城，更应协调好与中心城区的关系，通过快速便捷的交通，形成协调均衡的发展态势（见图 5 - 6）。

高铁站的建设改变了原有的城市交通布局，打破了原有平衡的经济发展态势，周边各种经济要素开始向站点周边集聚，加快以高铁站为中心，以城市主要交通干道为轴线的放射状发展格局。在现实和理论背景下，有必要选取典型的案例，研究高铁站建设与城市空间经济重心演变之间的关系。本章选取京广高铁线路设站城市及站点周边地区为实证分析案例。通过对夜间灯光图的研判，分析两个截面时间上城市建成区的变化情况，并特别关注城市经济重心的变化与设站城

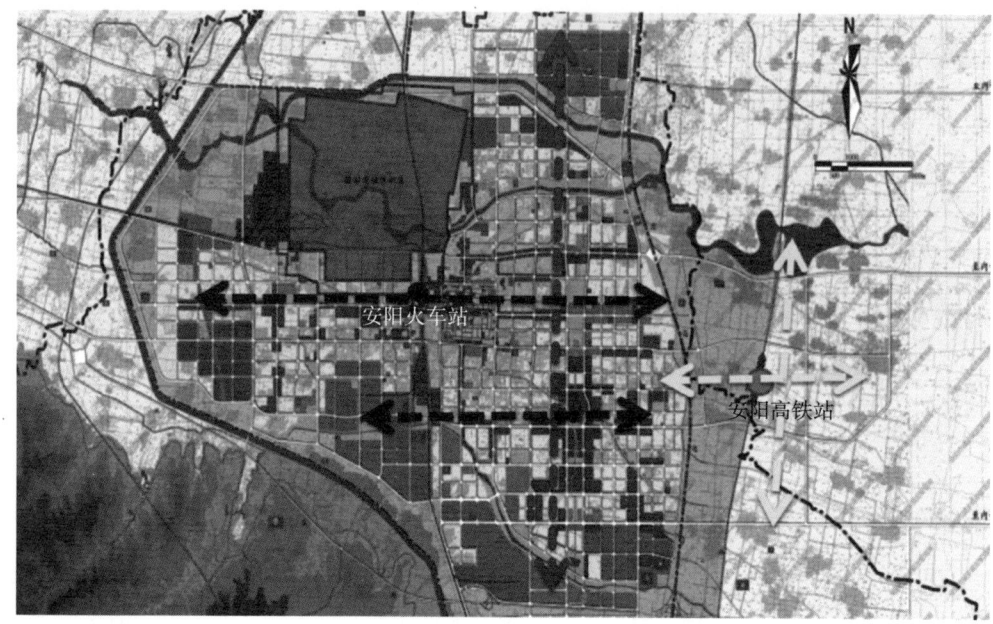

图 5－6 安阳高铁站区位图

资料来源：根据安阳市中心城区用地规划图绘制。

市发展的关系，以客观评价高铁站对城市空间和经济发展带来的影响，实现城市空间和高铁站之间的双赢（见表 5－1）。

表 5－1　　　　　　　　高铁车站与城市关系

| 车站类型 | 特征 | 城市类型 | 对城市形态影响 | 国内外典型车站 |
| --- | --- | --- | --- | --- |
| 融合型 | 建在城市市中心，大都是原有火车站改造形成，周边交通便利，土地开发成熟，是整个城市的交通枢纽中心 | 大中城市，且大多为高铁列车的始发或终点站，城市功能齐全，大都属于区域中心城市 | 进一步增强城市中心地区的吸引力 | 北京南站、天津西站、巴黎北站、柏林中央火车站 |
| 城边型 | 建在城市建成区范围边缘，与原有城市中心有一定距离，但两者之间有便利的市内公交连接 | 城市规模以中小型为主，各种要素集中程度较高，急需向外转移 | 以高铁站建设为契机，围绕高铁枢纽，布局各种城市功能，形成城市发展的新增长极 | 济南西站、保定东、日本横滨站 |

续表

| 车站类型 | 特征 | 城市类型 | 对城市形态影响 | 国内外典型车站 |
|---|---|---|---|---|
| 远郊型 | 建在城市郊区，与城市原中心相隔距离较远，并且市内公交难以到达，站点功能单一，周边配套服务能力较弱 | 城市综合实力较弱，城市规模较小，但城市发展潜力较大 | 作为城市远郊开发的重要发起点，承担重要城市功能 | 沧州西站、衡阳东站 |

资料来源：王缉宪，林辰辉. 高速铁路对城市空间演变的影响：基于中国特征的分析思路［J］. 国际城市规划，2011，26（1）：16-23.

## 5.2　京广高铁站点区位及比较

### 5.2.1　京广高铁站区位

京广高铁全长 2298 公里，设计时速为 350 公里/小时，是目前世界上运营里程最长的高铁线路，由京石、石武、武广三段铁路组成。2005 年 6 月由武汉至广州段率先开工，2009 年年底通车，北京至石家庄段于 2012 年 6 月通车，全线于 2012 年 12 月通车，京广高铁纵贯北京、河北、河南、湖北、湖南、广东六省市，连接环渤海经济圈、中原经济区、武汉都市圈、珠江三角洲城市群，并于 2017 年连接到香港。京广高铁与现有的京广线基本平行，建成后北京到广州的时间最短只需要 8 小时，同时使北京到郑州和到武汉的时间分别缩短 2 小时和 4 小时。京广高铁的建成使每个城市周边都形成了一个城市圈。

高铁站与主城区的关系首先体现在高铁站点与城市中心的距离和站点是否设在建成区范围内。在京广高铁设站的 18 个地级及以上城市中，与城市中心（以市政府所在地为城市中心）的距离相对较远，且与城市规模不存在明显的关系。其中高铁站与城市中心距离最小的是邯郸，约 1.8 公里。长沙南站与市中心的距离约为 15 公里。限于数据的可行性和完整性，本书考察研究的对象不包括县及县级市。按照高铁站与城市中心的距离分类，0~5.9 公里之间的有 8 个，分别是安阳、郴州、广州、邯郸、漯河、新乡、许昌、驻马店；距离在 6~10 公里的有 4 个，分别是清远、邢台、岳阳、株洲；距离 10~16 公里的有 4 个，分别是韶关、武汉、长沙、郑州。在考察的 18 个城市中，在城市建成区内的有 3 个，分别是广州、武汉和郑州；在建成区外的有 5 个，分别是安阳、新乡、信阳、邢台、许昌，其余的都设置在建成区的边缘（见图 5-7）。

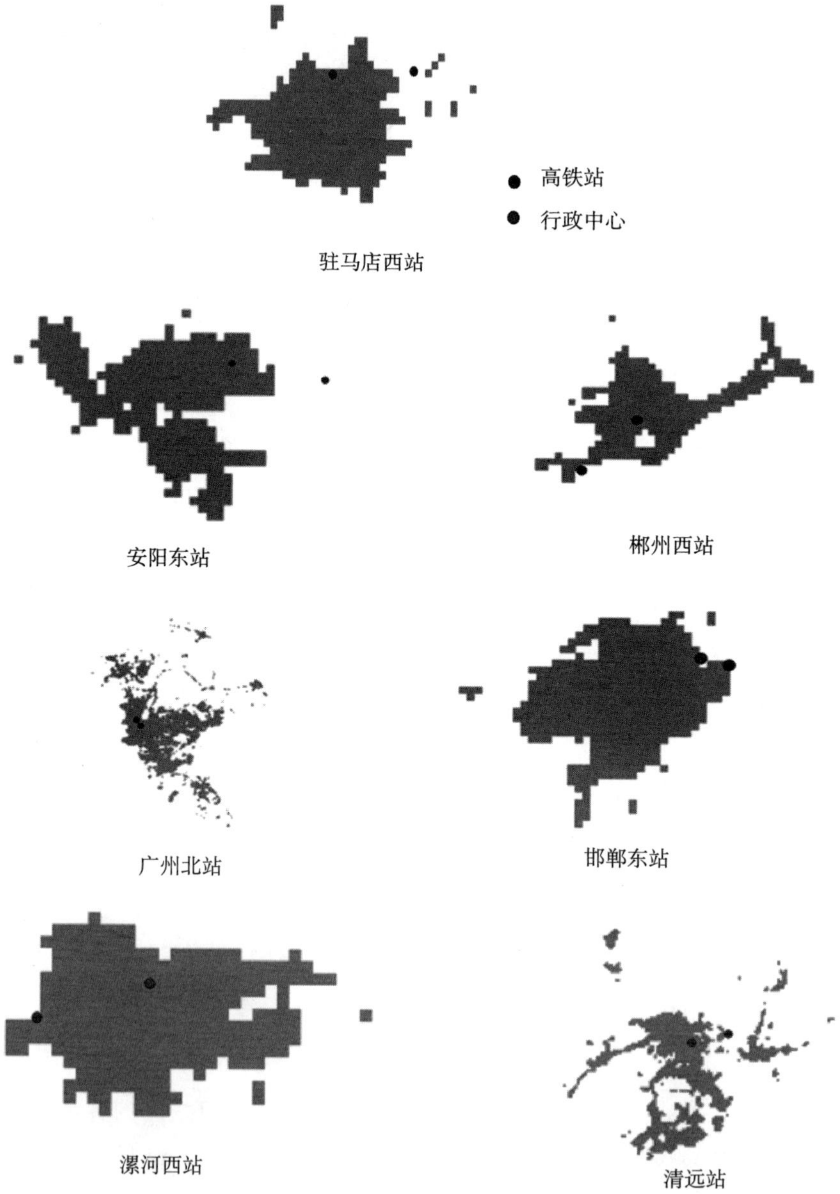

图 5-7 京广高铁沿线城市行政中心与高铁站示意图

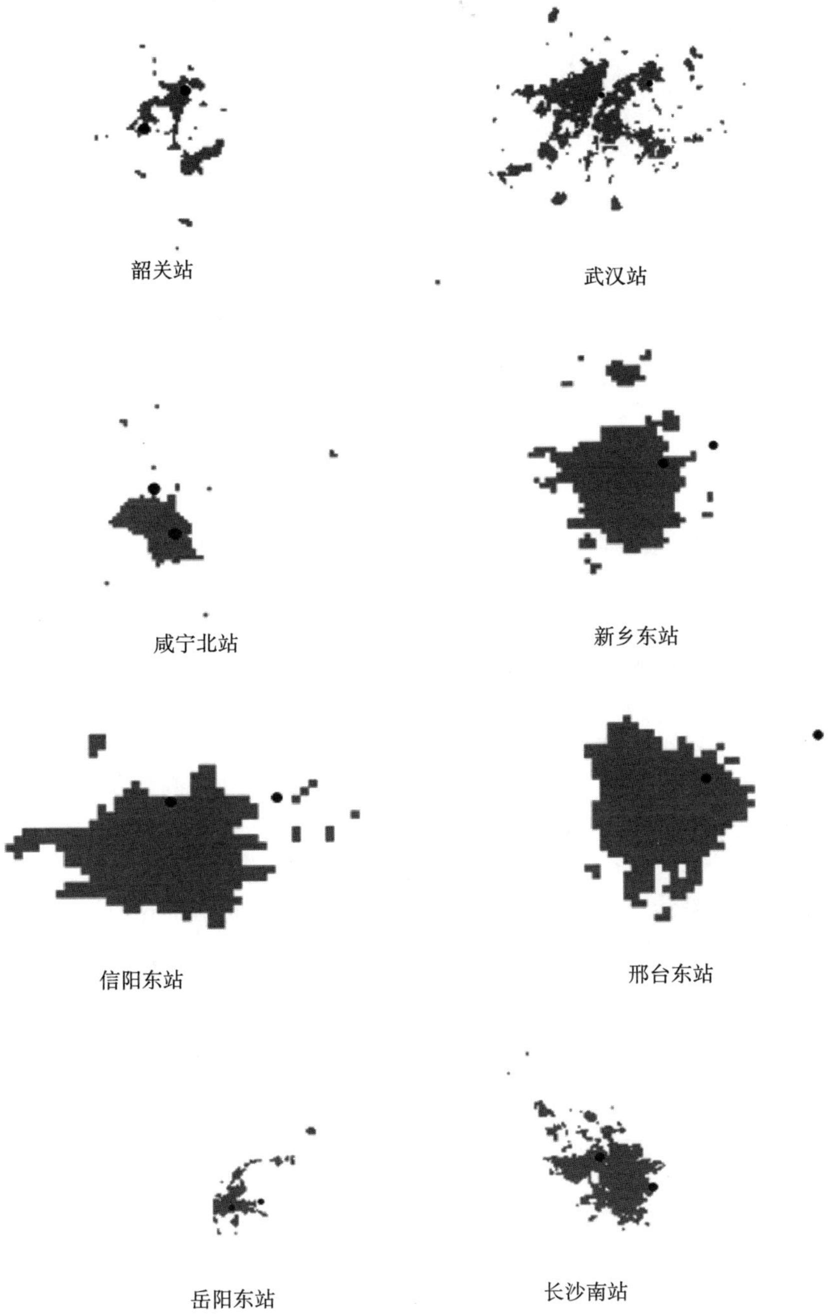

第 5 章　高铁站点对城市多中心格局的影响

韶关站　　　　　　　　武汉站

咸宁北站　　　　　　　新乡东站

信阳东站　　　　　　　邢台东站

岳阳东站　　　　　　　长沙南站

**图 5-7　续图**

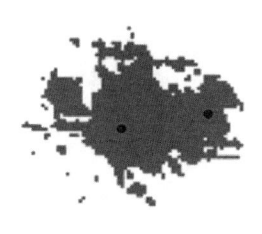 

郑州东站　　　　　　　　　　　许昌东站

图 5-7　续图

京广高铁作为我国"八纵八横"架构的高铁网络的主动脉，连接了京津冀城市群、中原城市群、武汉都市圈、珠江三角洲城市群等沿线 30 多个城市，形成了一线端点城市的 1~8 个小时经济圈，对沿线区域和城市之间的人口流动、知识溢出和城市一体化都产生了深远影响，而且实现了客货分流，大幅度提高了繁忙路线上的运输能力。

## 5.2.2　京广高铁线设站城市与周边城市比较

京广高铁线沿线共设站城市 33 个，包括 1 个直辖市：北京市；2 个副省级城市：武汉和广州；3 个省会城市：石家庄、郑州、长沙；10 个地级市：保定市、漯河市、驻马店市、信阳市、咸宁市、岳阳市、株洲市、郴州市、韶关市、清远市；17 个县及县级市：涿州市、高碑店市、定州市、赤壁市、汨罗市、耒阳市、英德市、高邑县、邢台县、邯郸县、安阳县、浚县、延津县、许昌县、大悟县、衡山县、衡南县（见表 5-2）。

京广铁路于 1957 年全线通车，全长 2324 公里，分为南北两段，北段为"京汉铁路（北京—汉口）"，南段为"粤汉铁路（武昌—广州）"，1957 年武汉长江大桥通车后，南北两段合并改为京广铁路，是南北铁路干线的大动脉，也是我国最繁忙的铁路干线之一，全线共 248 个车站，其中地级市站点包括：北京西站、北京站、北京南站、保定站、石家庄站、邢台站、邯郸站、安阳站、鹤壁站、新乡站、郑州站、许昌站、漯河站、驻马店站、信阳站、孝感站、武汉站、咸宁站、岳阳站、长沙站、株洲站、衡阳站、郴州站、韶关站、广州站。京广铁路与

第 5 章 高铁站点对城市多中心格局的影响

京广客运专线相比,京广铁路设站更多、更紧密,且大多数站点处于城市中心地区,而高铁站设站城市较少,且大多设在城市建成区边上或远离市中心。但在走向上两条线路基本吻合,京广高铁更多的是从城市外围穿城而过。

表 5-2 京广高铁站区位与城市级别

| 车站名称 | 经度 | 纬度 | 所在省 | 所在市 | 所在区 | 城市级别 |
|---|---|---|---|---|---|---|
| 北京西站 | 116.327694 | 39.903473 | 北京市 | 北京市 | 丰台区 | 直辖市 |
| 涿州东站 | 116.0596 | 39.465922 | 河北省 | 保定市 | 涿州市 | 县级市 |
| 高碑店东站 | 115.95289 | 39.294669 | 河北省 | 保定市 | 高碑店市 | 县级市 |
| 保定东站 | 115.608323 | 38.869905 | 河北省 | 保定市 | 清苑区 | 地级市 |
| 定州东站 | 115.081497 | 38.514589 | 河北省 | 保定市 | 定州市 | 县级市 |
| 石家庄站 | 114.496952 | 38.048578 | 河北省 | 石家庄市 | 桥东区 | 省会城市 |
| 高邑西站 | 114.538153 | 37.635546 | 河北省 | 石家庄市 | 高邑县 | 县 |
| 邢台东站 | 114.598269 | 37.097086 | 河北省 | 邢台市 | 邢台县 | 县 |
| 邯郸东站 | 114.566054 | 36.625435 | 河北省 | 邯郸市 | 邯郸县 | 县 |
| 安阳东站 | 114.460051 | 36.090044 | 河南省 | 安阳市 | 安阳县 | 县 |
| 鹤壁东站 | 114.306881 | 35.711685 | 河南省 | 鹤壁市 | 浚县 | 县 |
| 新乡东站 | 113.986368 | 35.320683 | 河南省 | 新乡市 | 延津县 | 县 |
| 郑州东站 | 113.784563 | 34.765494 | 河南省 | 郑州市 | 金水区 | 省会城市 |
| 许昌东站 | 113.892816 | 34.054387 | 河南省 | 许昌市 | 许昌县 | 县 |
| 漯河西站 | 113.969846 | 33.578898 | 河南省 | 漯河市 | 源汇区 | 地级市 |
| 驻马店西站 | 113.986322 | 33.006739 | 河南省 | 驻马店市 | 驿城区 | 地级市 |
| 信阳东站 | 114.166815 | 32.15005 | 河南省 | 信阳市 | 平桥区 | 地级市 |
| 孝感北站 | 114.228306 | 31.592602 | 湖北省 | 孝感市 | 大悟县 | 县 |
| 武汉站 | 114.431027 | 30.613078 | 湖北省 | 武汉市 | 洪山区 | 副省级市 |
| 咸宁北站 | 114.307986 | 29.904802 | 湖北省 | 咸宁市 | 咸安区 | 地级市 |
| 赤壁北站 | 113.906457 | 29.741966 | 湖北省 | 咸宁市 | 赤壁市 | 县级市 |
| 岳阳东站 | 113.214161 | 29.372094 | 湖南省 | 岳阳市 | 岳阳楼区 | 地级市 |
| 汨罗东站 | 113.150666 | 28.752009 | 湖南省 | 岳阳市 | 汨罗市 | 县级市 |
| 长沙南站 | 113.070148 | 28.152844 | 湖南省 | 长沙市 | 雨花区 | 省会城市 |
| 株洲西站 | 113.076021 | 27.796839 | 湖南省 | 株洲市 | 天元区 | 地级市 |
| 衡山西站 | 112.795629 | 27.254097 | 湖南省 | 衡阳市 | 衡山县 | 县 |
| 衡阳东站 | 112.716106 | 26.902518 | 湖南省 | 衡阳市 | 衡南县 | 县 |
| 耒阳西站 | 112.794719 | 26.4206 | 湖南省 | 衡阳市 | 耒阳市 | 县级市 |
| 郴州西站 | 112.976581 | 25.741757 | 湖南省 | 郴州市 | 北湖区 | 地级市 |
| 韶关站 | 113.520998 | 24.756791 | 广东省 | 韶关市 | 武江区 | 地级市 |

续表

| 车站名称 | 经度 | 纬度 | 所在省 | 所在市 | 所在区 | 城市级别 |
| --- | --- | --- | --- | --- | --- | --- |
| 英德西站 | 113.356919 | 24.165612 | 广东省 | 清远市 | 英德市 | 县级市 |
| 清远站 | 113.140581 | 23.700253 | 广东省 | 清远市 | 清城区 | 地级市 |
| 广州北站 | 113.252026 | 23.165451 | 广东省 | 广州市 | 花都区 | 副省级市 |

资料来源：作者根据百度坐标整理而得。

为了分析高铁站对沿线城市经济重心偏移的影响，首先对设站城市与周边城市的城市发展情况进行了比较分析。这些城市包括：张家口、承德、廊坊、衡水、沧州、聊城、菏泽、德州、阳泉、长治、焦作、濮阳、开封、洛阳、平顶山、周口、南阳、阜阳、襄阳、随州、黄冈、荆州、常德、益阳、湘潭、邵阳、娄底、永州、吉安、萍乡、赣州、贺州、肇庆、惠州、佛山、东莞、阳江、深圳。

在京广高铁设站城市与周边城市的GDP总量方面。从城市角度看，北京和广州作为京广高铁的两个端点，在经济总量方面有着绝对的优势；从区域角度来看，京津冀城市群和珠江三角洲城市群优势也比较明显。随着高铁线的开通，沿线城市及其周边城市经济得到有效的拉动。武汉、郑州、长沙和石家庄节点城市的崛起，使各城市经济发展实力逐步均衡，在区域方面武汉"10＋1"都市圈、"长株潭"城市群经济实力不断增强。从GDP增量上来看，京广高铁对南部省份及南部城市的带动作用明显高于北部省份及城市，尤其对中原城市群和长江中游城市群的带动作用较为明显，使中部城市经济逐步均衡，一体化程度逐步增强。在京广高铁途径城市与周边城市的人均GDP方面，人均GDP与GDP总量基本上呈现空间一致性，呈现明显的三个梯度，京津冀与珠江三角洲城市群实力最强，其次是长江中游城市群，最后是郑州、石家庄等城市。

在产业结构调整方面。高铁的开通大大地提高了商务旅行面对面交流的机会和节省了旅游者的时间，尤其是在带动旅游业发展的同时还会实现其他产业的发展，如餐饮、酒店等行业的发展。在京广高铁沿线第三产业总量方面，第三产业的发展呈现明显的区域特征，分别在京津冀城市群、武汉都市圈、长株潭城市群及珠江三角洲城市群。随着高铁的开通，这些区域仍具有明显的优势，但高铁所辐射的城市与设站城市之间的差距在逐步缩小。

## 5.3 基于夜间灯光数据对城市建成区的提取

在 2006—2015 年，受政府规划、政策及地理环境的影响，城市建成区面积不断拓展，并且在各方向的拓展幅度差异较大，进而引起城市重心的偏移。分析高铁站与城市重点的位置关系，可以进一步了解高铁站对城市空间发展的关系。

### 5.3.1 夜间灯光数据基本介绍及在空间经济研究中的应用

夜间灯光数据是美国空军气象卫星通过搭载传感器对全球夜间灯光亮度进行拍照，并对外公布的一组栅格数据。该传感器通过可见光和近红外通道两种图像，现有数据包括从 1992—2012 年的所有影像数据。夜间灯光数据的平均亮度可及灰度值可用 DN 表示，该值是通过过滤掉偶然性的灯光，如油气的燃烧、汽车灯光及乌云影响等因素并经过平均化处理得到的。目前，DN 值最大的为 63，最小的为 0。该夜间灯光数据具有明显的优势，首先可以通过多种渠道免费无限制下载，对那些搜集数据困难的城市具有明显优势。其次，该类灯光数据经过对偶然因素的处理，因此在处理技术上可以减少人为的干预，为客观分析城市空间变化和城市人口、经济发展提供数据支撑。第三，该类夜间灯光数据属于栅格数据的一种，每一个栅格的面积都为 1 平方公里，因此可以在更小的范围内实现对城市的微观研究，对城市精细化研究提供了研究方向。由于夜间灯光数据具有客观性和实效性，并且跨度时间较长，因此该类数据被越来越多地用于经济学研究、环境研究及土地研究等领域。Croft（1978）从理论上对夜间灯光数据的可行性进行了分析，认为利用该数据进行城市规模和城市空间拓展的研究具有明显的优势。Henderson（2009）通过对夜间灯光数据进行饱和校正和连续性校正，成功地对城市建成区进行了提取，克服了零散的搜集城市规划的困难。我国学者徐康宁，刘修岩（2015）、何春阳（2006）分别利用夜间灯光数据对我国城市经济发展和城市空间格局进行实证分析，结果与国家统计局公布的经济发展情况匹配程度较高。杨孟禹，张可云（2016）利用夜间灯光数据，从更小的空间地理单元上对城市规模的变动进行了实证分析，结果证明夜间灯光数据可以在很大程度上实现对城市空间规模的替代。

另一种夜间灯光数据为 Suomi-NPP，该类灯光数据是由美国国家航空航天局和海洋与大气管理局共同建造与发射的。该数据主要是用于天气的预报与监测，同时对全球水资源、环境及气候变化进行监测。该数据同样分为可见光和红外波两个波段，相比对 DMSP/OLS 数据，Suomi-NPP 灯光数据更为精准，同时自身具有校正功能和数据处理功能，可以对微弱灯光进行放大处理，同时对于那些过度饱和灯光进行自行处理。该数据可以为用户提供较长时间的水资源和环境监测数据，更好地服务于相应的政府部门。美国国家地理信息中心为研究者提供了月度数据，主要包括"vcmcfg"的数据，该数据对任何散射灯光进行了前期处理，另一种是"vcmslcfg"的数据，该数据对散光进行了连续性和饱和性校正。本书研究采用了 2013—2015 年"vcmcfg"数据，并利用 GIS 相关技术进行了饱和性校正和偶然性因素的校正。

目前我国学者对城市建成区的研究大都从各城市规划部门获取，这在很大程度上增加了研究的难度，同时我国并没有从行政单元对城镇用地格局进行统计，因此很难获得城市空间统计信息来研究高铁对城市经济重心变化的影响。从国内外的研究文献中可以看出，夜间灯光这类数据可以为城市空间提供较为客观的影像，方便学者进行研究。但在具体应用中，该数据存在两个现实的问题，即影响的连续性和像元值饱和问题，这需要进一步处理。

**1. 像元值饱和**

从网站中下载的夜间灯光数据分为可见光和红外波段两个影像。每个夜间灯光栅格数据都是由这两个通道共同生成的，其平均亮度最大为 63。但从现实情况中发现，很多大城市的核心区域，如上海外滩、北京东西城区的灯光亮度会大于 63，因此该类影像出现了饱和现象。出现饱和现象会使城市某一区域的影像值小于其真实亮度，如果不进行校正，可能会对产生系统性误差，使研究结论与真实情况不吻合。因此，需要利用空间技术对灯光数据的饱和现象进行校正。

**2. 连续性校正**

上述两种夜间灯光数据我们分别可以获得 1992—2012 年和 2013—2015 年的数据。由于不同传感器受到偶然因素的影响，如大气层、地形变化和太阳高度的影响，不同传感器在同一年所拍摄的影像是不同的，因此我们需要进行连续性校正。而 2013—2015 年的数据是从另一个卫星中得到的，我们还需对两个数据在同一标准下进行校正。由于不同卫星在拍摄影像时缺乏星上辐射校正，因此我们还需对 DMSP/OLS 数据进行不同年份同一卫星的校正。

## 5.3.2 DMSP/OLS 数据预处理

对于上述两个问题，为了增加夜间灯光数据在实际研究中的可靠性，按照"获取中国夜间灯光数据影像—数据饱和校正—数据连续性校正—统计比对"的思路，应用不变目标区域法，对夜间灯光数据进行校正。具体流程如图 5-8 所示。

我国 1992—2012 年 DMSP/OLS 数据由于是来自不同传感器，存在着不连续性问题，因此在使用该数据进行空间描述时必须进行校正。首先，同一传感器在不同年份存在很多不稳定像元，比如前一年的灯光在下一年灯光影像中消失的问题，即不稳定像元。其次，同一传感器在不同年份存在像元值异常的问题。从理论上讲，同一传感器所获得的影像，对同一地区的灯光强度应该后一年的亮度大于前一年，因为经济总是越发展越强，但实际上有些地区由于某些人为原因或重新建设，灯光反而变得更小。再次，不同传感器在同一年所拍摄的灯光强度不一。从理论上讲，同一年份同一地区的灯光强度应该是一致的，但由于传感器受到太阳夹角或由于时间久老化等问题，会出现不同传感器在同一年所拍摄的灯光强度不一，这种情况也需要对其进行重新校正。最后，在夜间灯光数据中存在灯光饱和的问题。因为 DMSP/PLS 所拍摄的灯光最亮的像元值也不超过 63，而在现实情况中，在东部发达城市中，如上海、北京、杭州等地会出现大量的灯光强度值大于 63 的情况。如果不进行饱和校正，则该地区的实际灯光亮度会大于其所拍摄的灯光值。因此，灯光强度不能真实反映该地的经济发展实际情况。

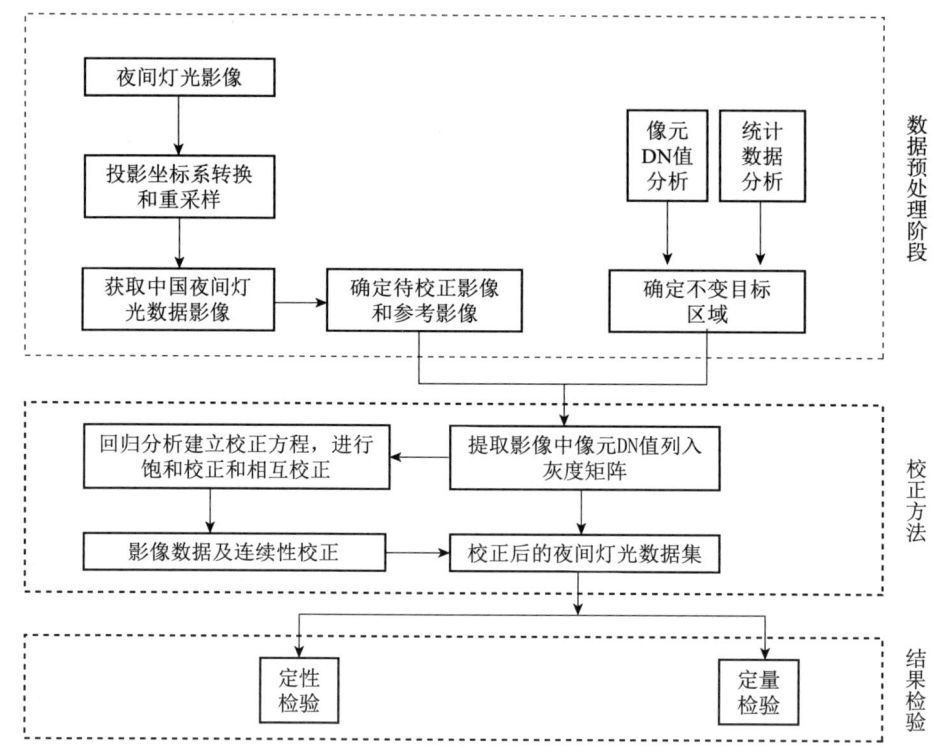

**图 5-8　夜间灯光影像校正流程**

资料来源：曹子阳，吴志峰，匡耀求，黄宁生. DMSP/OLS 夜间灯光影像中国区域的校正及应用 [J]. 地球信息科学，2015（9）：1092-1102.

根据所获取的灯光影像图像，所有的图像坐标均为 WGS-84 坐标，因此所有的影像栅格会随着纬度的增加而变小。为避免网格大小不一带来计算问题，我们利用 GIS 坐标转换工具，把所有影像的坐标都转换为兰伯特坐标，并对每个栅格进行重采样，设为 1 平方公里。

选择不变区域作为目标区域是进行建成区面积提取的关键环节之一。在选择该区域时应保证所设区域在所研究的时间序列中变化最小，如经济发展稳定、人口变化小、建成区面积变化幅度小。综合上述因素，本书选择鸡西市作为不变区域。主要是因为鸡西建成区在 1992—2013 年变化幅度较小，并且经济发展相对稳定，灯光亮度从低到高所覆盖的范围最广，这就保证了校正模型的准确性（见图 5-9）。

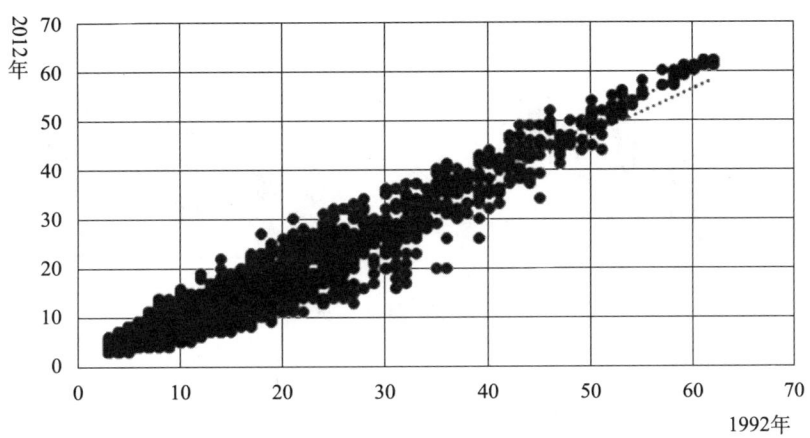

**图 5-9　鸡西市 1992 年与 2012 年夜间灯光影像回归**

图 5-9 表明鸡西市在 1992—2012 年的灯光亮度变化是相对稳定的。在此期间，虽然一些大中城市更能代表我国经济发展的真实情况，如深圳、武汉、北京等，但这些城市大都经历了飞速的发展，人口快速集聚，城市规模大范围向外扩张。这些因素导致这类城市夜间灯光面积和夜间灯光强度变化非常大，选择他们作为目标不变城市作为参考影像，不合适。在确定了鸡西市灯光作为不变区域后，把其他城市不同年份的灯光与该城市灯光进行回归，确定模型系数，并选择 F162006 所拍摄的影像作为参考影像，提取所有年份的夜间灯光影像（见图 5-10 至图 5-12、表 5-3）。

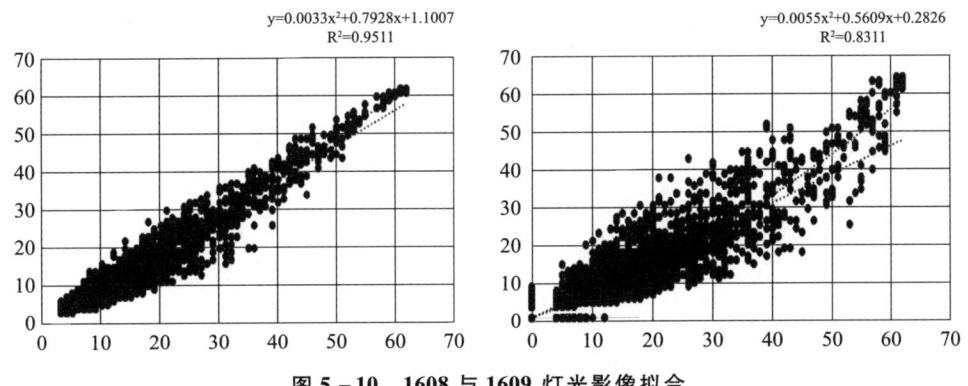

**图 5-10　1608 与 1609 灯光影像拟合**

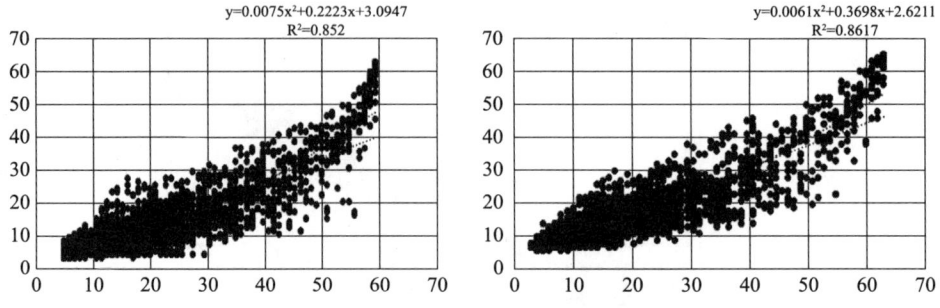

图 5-11　1812 与 1811 灯光影像拟合

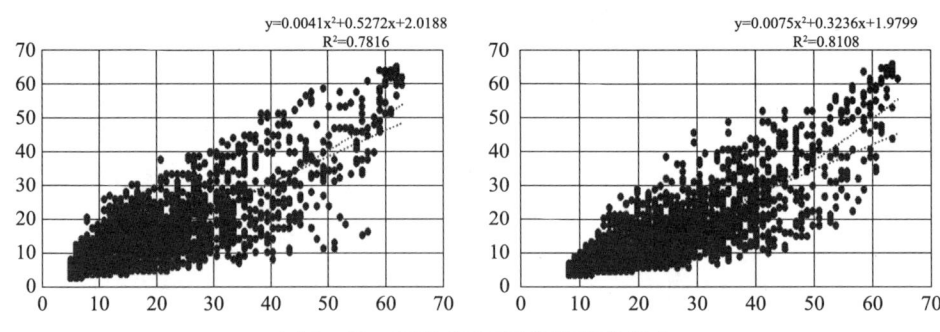

图 5-12　1810 与 1606 灯光影像拟合

表 5-3　　DN 值校正的回归模型参数

| 传感器 | 年份 | a | b | c | R2 | 传感器 | 年份 | a | b | c | R2 |
|---|---|---|---|---|---|---|---|---|---|---|---|
| F10 | 1992 | 0.0013 | 1.1543 | 0.4176 | 0.8075 | F15 | 2000 | 0.0068 | 0.5329 | 3.7183 | 0.8094 |
| | 1993 | -0.0012 | 1.1453 | 1.1865 | 0.8050 | | 2001 | 0.0009 | 0.9876 | 0.8056 | 0.8837 |
| | 1994 | 0.0037 | 0.9601 | 1.8164 | 0.8013 | | 2002 | 0.0012 | 0.9782 | 0.3219 | 0.9000 |
| F12 | 1994 | 0.0030 | 0.9878 | 2.4563 | 0.8122 | | 2003 | -0.0089 | 1.5187 | 1.2850 | 0.8654 |
| | 1995 | 0.0080 | 0.6402 | 3.7821 | 0.7898 | | 2004 | -0.0068 | 1.3927 | 1.1871 | 0.9032 |
| | 1996 | 0.0110 | 0.5201 | 4.5998 | 0.8324 | | 2005 | -0.0050 | 1.3098 | 0.8492 | 0.8178 |
| | 1997 | 0.0103 | 0.3562 | 5.5298 | 0.8111 | | 2006 | 0.0030 | 1.2398 | 1.2854 | 0.9454 |
| | 1998 | -0.0118 | 0.2806 | 5.6209 | 0.8240 | | 2007 | -0.0045 | 1.2856 | 0.4578 | 0.9588 |
| | 1999 | 0.0071 | 0.7032 | 3.3521 | 0.8354 | F16 | 2004 | -0.0009 | 0.9975 | 1.3768 | 0.8765 |
| F14 | 1997 | 0.0019 | 0.9630 | 2.9791 | 0.8298 | | 2005 | 0.0043 | 1.3145 | -0.5421 | 0.9354 |
| | 1998 | 0.0043 | 0.8676 | 2.5069 | 0.7914 | | 2006 | -0.0054 | 1.2867 | 0.0352 | 0.9356 |
| | 1999 | -0.0008 | 1.2015 | 1.9050 | 0.8201 | | 2007 | 0.0000 | 1.0000 | 0.0000 | 1.0000 |
| | 2000 | 0.0043 | 0.8376 | 1.9823 | 0.8503 | | 2008 | 0.0045 | 0.7950 | 1.5874 | 0.9674 |
| | 2001 | 0.0004 | 1.0298 | 1.0329 | 0.8598 | | 2009 | -0.0066 | 0.4748 | 2.5673 | 0.9135 |
| | 2002 | -0.0025 | 1.0408 | 2.2960 | 0.7982 | F18 | 2010 | 0.0079 | 0.2683 | 3.5234 | 0.8781 |
| | 2003 | 0.0078 | 1.3619 | 0.8561 | 0.8751 | | 2011 | 0.0049 | 0.5231 | 3.0892 | 0.7342 |
| | | | | | | | 2012 | 0.0078 | 0.3001 | 4.3961 | 0.8325 |

资料来源：根据夜间灯光数据计算可得。

**影像校正**

对影像校正一般有 4 种模型,分为线性、指数、二次多项式、幂数。在确定目标不变的参考影像后,通过对提取的灯光数据分别进行回归,从结果来看,二次多项式的回归系数要比其他四项的回归系数相对要高。因此,本书选取二次多项式建设回归方程,对夜间灯光数据进行饱和校正和连续性校正。

$$DN_c = a \times DN^2 + b \times DN + c \quad (5-1)$$

式中,DN 表示待校正影像中的像元 DN 值;DNc 表示校正后的像元 DN 值;a 和 b 为二次多项式回归得到的不同参数。利用对应的幂数方程可对中国区域的每一期影像进行相互校正。

经过校正后的夜间灯光数据虽然在一定程度上减轻了像元值饱和现象,具有一定的可比性,但这种校正仍然没有解决影像不连续问题。这主要表现在不同传感器在同一年份对同一区域拍摄的灯光强度不一问题,同时不同传感器在不同年份对同一目标区域所拍摄的像元亮度也不一致。因此经过校正后的影像仍需要进行连续性校正。

不同卫星的传感器在拍摄过程中受到多种因素的干扰,所拍摄的影像本身就存在差异。因此,同一年份不同传感器获取的影像肯定存在不一致的问题。虽然我们设定了参考影像和不变目标区域进行回归,在一定程度上会减少这种差异,但仍没有消除这种不连续的问题。为了充分利用同一年度不同卫星拍摄的影像,同时解决各影像不连续的问题,可以采用(5-2)对经过校正后的影像进行连续性校正,以获取不同传感器同一年份的灯光数据。

$$DN_{(n,1)} = \begin{cases} 0 \\ (DN^a_{(n,1)}, + DN^b_{(n,i)})/2 \end{cases} \quad (5-2)$$

式中,$DN^a_{(n,i)}$,$DN^b_{(n,i)}$ 分别表示第 $n$ 年相互校正后的 2 个不同传感器获取的夜间灯光影像中的 $i$ 像元的 DN 值;$DN_{(n,i)}$ 表示校正后第 $n$ 年影像中 $i$ 像元的 DN 值。

根据 1992—2012 年我国城市化进程不断加快,城市规模快速扩张的现实情况。在进行连续性校正时,可以假设所有可获得同一区域的影像随着时间的增加，灯光强度越来越高。因此，在研究中，可以认为夜间灯光的像元值，在前一年的强度应该小于或等于后一年的灯光强度值，同时前一年已经获取的灯光斑块不能在后一年影像中消失。如果出现后一年的灯光斑块消失或比前一年的亮度值还小，可以认为该区域的像元值存在异常现象，在最终确定城市建成区时，根据相应的原则，可以剔除这类异常值。通过对相同年份不同传感器的影像进行校正后，仍存在灯光影像异常值波动的问题。因此，需要对不同传感器不同年份的影像进行校正。在校正过程中，可以依据两点原则。其一，在后一年中，如果灯光影像的亮度值为0，则前一年同一位置的灯光影像也应为0。其二，当后一年的灯光影像亮度值不为0时，则前一年的灯光影像值不能大于同一位置的像元亮度值。进行连续性校正的方程如式（5-3）所示：

$$DN_{(n,i)} \begin{cases} 0 & DN_{(n+1,i)} = 0 \\ DN_{(n-1,i)} & DN_{(n+1,i)} > 0 \text{ 且} DN_{(n-1,i)} > DN_{(n,i)} \\ DN_{(n,i)} & \text{其他} \end{cases} \quad (5-3)$$

式中，$DN_{(n-1,i)}$，$DN_{(n,i)}$，$DN_{(n+1,i)}$分别表示第$n-1$年，第$n$年和第$n+1$年经相互校正和多传感器获取的同一年度影像之间的校正后的夜间灯光影像的$i$像元的$DN$值。

经过连续性校正和饱和性校正，我们发展经过处理后的夜间灯光数据无论在灯光亮度还是栅格数量，斑块面积都呈现逐年增加的趋势，同时也没有出现不连续的情况。经过校正后的灯光数据，为后续提取城市建成区影像提供了客观基础。

NPP-VIIRS夜间灯光数据在正式公开发布之前已经经过了不稳定处理，因此该类灯光数据的稳定性及数据的质量要明显高于DMSP/OLS数据，并且精准度在0.5平方公里。在发布之前，主要的处理包括三个方面（Baugh K et al.，2013）。其一，对来源不同的光源，采用标记的方法对每一个位置的灯光进行了识别。其二，针对不同的偶然性光源，如月光、乌云进行了大面积的消除，同时保留了汽车灯光、持续性的火光等影像值。其三，在发布之前该影像进行了合成与重投影的处理，省去了研究者再处理的麻烦，使数据更具有普适性，可应用于不同领域的研究。

为了使 1992—2012 年与 2013—2015 年的夜间灯光数据具有连续性，本书在处理后者过程中，把相应的坐标转换为兰伯特等面积投影坐标，并将像元中的面积进行了重采样，同时根据 Ma（2014）的研究，以 $0.30 \cdot 10^{-10} \cdot w \cdot cm^{-2} \cdot sr^{-1}$ 为阈值对异常值进行了提出，最终得到了 2013—2015 年校正后的 NPP-VIIRS 夜间灯光数据。

### 5.3.3 城市建成区的提取

利用校正好的夜间灯光数据影像对城市建成区进行提取的关键环节在于最佳阈值的确定。也就是如何选择一定亮度的斑块来确定城市建成区面积。通过对国内外相关文献梳理发现，确定建成区面积的最佳阈值有四种方法。第一，经验阈值法。一些学者通过借鉴前人的研究成果，并结合所研究地区的实际情况，人为地主观确定一个值，认为如果目标区域的灯光像元值高于该阈值，则认为该区域是城市建成区，如果低于这个经验值则可以认为该地区在城市建成区范围以外。Milesi 认为当像元灰度值大于 50 时，则可以认定为城市建成区。这种方法会随着研究者身份不同以及所研究的区域不同，需要对该阈值进行调整，个人主观性较强。第二是突变检测法。我们矫正后的夜间灯光数据是一种栅格数据，在所研究的城市范围内，像元栅格一般都保持相对稳定性，并且几何面积相对完整。当该地区的像元栅格具备上述特征时，在拍摄过程中也越容易被获取，则该地区认定为城市的几率也较高。当逐渐加大阈值时，代表城市的那些栅格所集聚形成的斑块会逐渐变小。当阈值达到某个值时，这些栅格开始从内部破碎，进而分裂成多个更小的栅格斑块时，该区域的栅格周长会随着栅格的增加而增加，则这个破裂点为最佳阈值。突变监测法需要处理过程相对复杂，工作量大，需要研究者具备较强的计算机技术。第三，统计数据比较法。该方法具有较强的操作性。首先，通过政府部门发布的统计数据，获取城市建成区的面积。其次，利用校正好的夜间灯光数据，创建栅格属性表，获得每个阈值下的城市栅格数据，每个栅格代表1 平方公里。对每个阈值下的栅格数据进行加总，当在某个阈值下的栅格数据总和与政府公布的建成区面积绝对差最小时，则该阈值为最佳阈值，进而可以确定城市建成区的影像。该方法必须保证政府公布的统计数据的准确性，同时还必须保证数据的连续性。第四，与更高的影像进行比较。利用 LandsatTM 影像作为辅助数据，通过与校正好的数据进行比较，确定最佳阈值，进而获得真实的城市建成区面积。该方法可以从更精确的数据来确定所研究的城市建成区，但目前此类数据难以获得，数据处理操作复杂，便捷程度不高，并且校正方法也不成熟，使研究成本大幅度提升。根据数据搜集难度和技术处理的可操作性，选取最后一种方法对确定最佳阈值来提取所研究城市的建成区。具体步骤：

（1）根据城市的行政边界，将经过校正后的 2006 年与 2015 年的灯光影像图进行裁剪，得到各时期的京广线沿线城市的灯光数据（见表 5-4）。

（2）对最佳阈值的确定。利用 GIS 中的栅格属性工具，创建夜间灯光数据的属性表，获得每个阈值下的栅格数量，并计算栅格面积。与统计数据进行比较，当栅格面积与统计数据之间的绝对差值最小时，则得到京广沿线城市的最佳阈值，获得城市建成区图像。

（3）根据最佳阈值，使用 GIS 将栅格格式城市建成区边界线，将栅格数据转化为矢量数据，并剔除异常值，得到城市最终的建成区图形。

表 5-4　　　　2006 年、2015 年京广沿线城市建成区提取结果

| 城市名称 | 2006 年提取值 | 统计值 | 偏差（%） | 2015 年提取值 | 统计值 | 偏差（%） |
| --- | --- | --- | --- | --- | --- | --- |
| 保定市 | 101 | 100 | 1 | 210.5 | 227 | 7.27 |
| 石家庄市 | 177 | 175 | 1.14 | 280.25 | 278 | 0.81 |
| 邢台市 | 49 | 51 | 3.92 | 92.75 | 90 | 3.06 |
| 邯郸市 | 102 | 102 | 0 | 125.75 | 127 | 0.98 |
| 安阳市 | 71 | 73 | 2.74 | 82.25 | 81 | 1.54 |
| 鹤壁市 | 41 | 42 | 2.38 | 55.75 | 64 | 12.89 |
| 新乡市 | 89 | 89 | 0 | 119.75 | 115 | 4.13 |
| 郑州市 | 275 | 282 | 2.48 | 430.75 | 438 | 1.66 |
| 许昌市 | 48 | 48 | 0 | 92.25 | 90 | 2.5 |
| 漯河市 | 49 | 50 | 2 | 64.25 | 66 | 2.65 |
| 驻马店市 | 45 | 45 | 0 | 77 | 75 | 2.67 |
| 信阳市 | 48 | 48 | 0 | 90 | 89 | 1.12 |
| 孝感市 | 32 | 32 | 0 | 70.5 | 74 | 4.73 |
| 武汉市 | 423 | 425 | 0.47 | 444.75 | 455 | 2.25 |
| 咸宁市 | 31 | 31 | 0 | 64.5 | 66 | 2.27 |

续表

| 城市名称 | 2006 年提取值 | 统计值 | 偏差（%） | 2015 年提取值 | 统计值 | 偏差（%） |
|---|---|---|---|---|---|---|
| 岳阳市 | 78 | 78 | 0 | 93.5 | 97 | 3.61 |
| 长沙市 | 160 | 155 | 3.23 | 366 | 364 | 0.55 |
| 株洲市 | 92 | 86 | 6.97 | 138 | 138 | 0 |
| 衡阳市 | 96 | 59 | 1.05 | 148.75 | 159 | 6.45 |
| 郴州市 | 36 | 37 | 2.70 | 77.5 | 77 | 0.65 |
| 韶关市 | 78 | 78 | 0 | 95.5 | 99 | 3.54 |
| 清远市 | 42 | 40 | 5 | 448 | 383 | 16.97 |
| 广州市 | 769 | 780 | 1.41 | 1205 | 1237 | 2.58 |

## 5.4　设站城市经济重心的偏移测算及分析

### 5.4.1　城市经济重心偏移的测算

城市经济重心变化是城市经济发展在空间上最佳的指标，经济重心的变化表示城市未来发展方向的变化。高铁作为城市经济发展的一个重要触媒，对城市发展方面必然起到一定的影响。利用夜间灯光强度来反映城市经济发展水平，利用灯光灰度值为权重来测度城市经济重心的变化，具有较强的客观性和代表性。

$$X_G = \frac{\sum_{i=1}^{n} DN_i X_i}{\sum_{i=1}^{n} DN_i} \quad Y_G = \frac{\sum_{j=1}^{n} DN_j Y_j}{\sum_{j=1}^{n} DN_j} \quad (5-4)$$

其中，$X_G$、$Y_G$ 为城市重心坐标，$DN_i$、$Y_j$ 为第 $i$ 个目标像元的中心坐标；$DN_i$ 为第 $i$ 个目标像元的权重，以安阳为例（见图 5-13）。

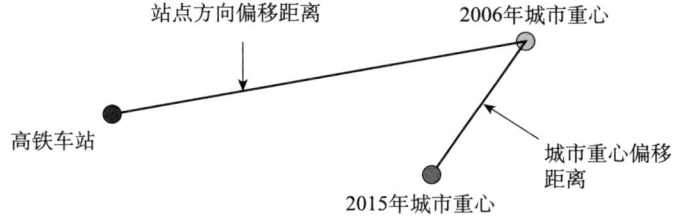

图 5-13　站点方向城市空间重心偏移距离

根据图 5-13 分析可知，利用城市重心偏移实际距离、高铁站点方向偏移距离及其标准化距离，同时利用城市中心偏移距离与高铁站方向偏移距离夹角三个变量衡量高铁站与城市重心的关系。利用地理信息系统软件可以得到城市重心偏移实际距离和站点方向偏移距离。根据解析几何中三角形内角的计算公式，可以得到相应的夹角。由于城市规模、经济发展实力差异，高铁站点方向偏移的距离有必要对其进行标准化。其标准化的公式为：$L' = \dfrac{L}{\sqrt{T}}$，$L'$ 表示高铁站点方向偏移距离的标准化值，$L$ 为高铁站点方向偏移距离，$T$ 为 2015 年城市建成区面积。当城市重心偏移与站点方向重心偏移的夹角在 0~90°时，认为城市重心偏移与高铁站方向一致，其值为正。当城市重心偏移与站点方向重心偏移的夹角在 90~180°时，认为城市重心偏移与高铁站方向相反，其值为负。基于上述计算方法与 GIS 工具，得到京广线沿线地级市上述三个指标①（见表 5-5）。

表 5-5　　　　　　　　　　城市经济重心偏移测算

| 城市名称 | 市辖区面积（平方公里） | 城市重心偏移距离 | 站点方向偏移距离 | 标准化距离 | 偏移夹角 |
| --- | --- | --- | --- | --- | --- |
| 保定市 | 227 | 276 | 4063 | 675 | 127 |
| 邢台市 | 90 | 340 | 10778 | 1136.10 | 106 |
| 石家庄 | 278 | 780 | 9788 | 553 | 65 |
| 邯郸市 | 127 | 2695 | 3788 | 245 | 85 |
| 安阳市 | 81 | 2828 | 11639 | 1293.22 | 36 |
| 鹤壁市 | 64 | 686 | 9725 | 1215.63 | 25 |
| 新乡市 | 115 | 1125 | 9405 | 877.02 | 39 |
| 郑州市 | 438 | 2510 | 12373 | 591.20 | 15 |
| 许昌市 | 90 | 192 | -6288 | -662.81 | 95 |
| 漯河市 | 66 | 746 | 4754 | 585.18 | 75 |
| 驻马店市 | 75 | 286 | 4057 | 468.46 | 7 |
| 信阳市 | 89 | 910 | 8155 | 864.43 | 10 |
| 武汉市 | 455 | 1151 | -13360 | -626.33 | 133 |
| 咸宁市 | 66 | 775 | -5126 | -630.97 | 107 |
| 岳阳市 | 97 | 2867 | 7780 | 789.94 | 31 |

---

① 王兰，王灿等. 高铁站点周边地区的发展与规划 [J]. 城市规划学刊，2014（4）：31-37.

续表

| 城市名称 | 市辖区面积（平方公里） | 城市重心偏移距离 | 站点方向偏移距离 | 标准化距离 | 偏移夹角 |
|---|---|---|---|---|---|
| 长沙市 | 364 | 1971 | -10047 | -526.61 | 140 |
| 株洲市 | 138 | 6540 | 8190 | 697.18 | 2 |
| 郴州市 | 77 | 2322 | 7628 | 869.29 | 90 |
| 韶关市 | 99 | 3007 | 6588 | 662.12 | 77 |
| 清远市 | 383 | 3136 | 10875 | 555.69 | 82 |
| 广州市 | 1237 | 3968 | 13357 | 379.77 | 76 |

## 5.4.2 高铁站与城市空间发展关系分析

根据重心偏移的夹角，可以把高铁站与城市发展分为三类。一类是夹角在0~60°，高铁站的设置明显带动了城市空间的发展；第二类是夹角在60~120°，这说明城市空间的拓展与高铁站的设置关系并不明确；第三类是120~180°，城市的空间拓展与高铁站的方向相反或远离，没有显著的关系（见图5-14和表5-6）。

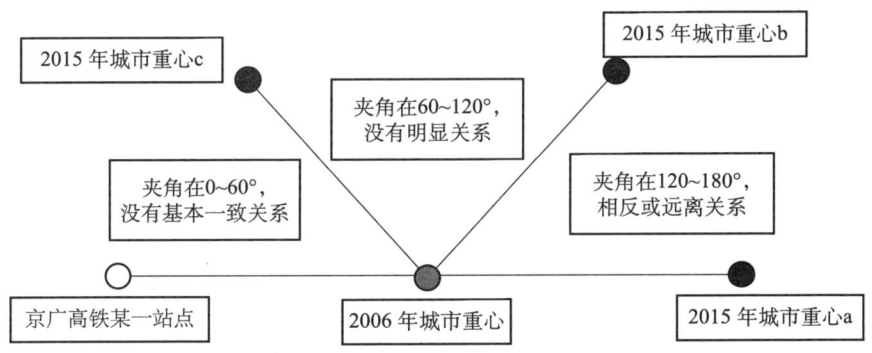

图 5-14　高铁站与城市空间关系示意图

表 5-6　　　京广高铁沿线高铁站与城市空间拓展关系

| 类别 | 城市名单 |
|---|---|
| 第一类城市（同向关系） | 安阳市、鹤壁市、新乡市、郑州市、驻马店市、岳阳市、株洲市、石家庄 |
| 第二类城市（不明显关系） | 许昌市、漯河市、咸宁市、郴州市、韶关市、清远市、广州市、邢台市 |
| 第三类城市（相反或远离关系） | 信阳市、长沙市、保定市 |

由以上分析可得：

在京广高铁设站的地级市中，站点与城市中心（地级市行政中心表示），站点与城市中心的位置距离大小不一，最远距离为15.4公里，最小的仅有1.8公里，且于该距离与城市规模的大小不存在明显关系。大部分仍是以建在城市边缘区为主。中国高铁的建设是自上而下推进的，在建设高铁过程中主要考虑高铁直线运行速度、建设成本及自然条件，而对居民是否便利、是否与城市未来发展相结合则考虑得相对较少。高铁的修建应是两者平衡的结果，因此造成有些高铁与城市发展的关系并不显著。

在第一类城市中，存在高铁建设与城市经济中心明显相关关系的7个城市中，高铁站与城市中心的距离分别为：安阳市5.6公里（在城市建成区外围）、鹤壁市6公里（在城市建成区外围）、新乡市4.8公里（在城市建成区外围）、郑州市13.8公里（在城市建成区内部）、驻马店市4.1公里（在城市建成区边缘）、岳阳市7.6公里（在城市建成区边缘）、株洲市7.5公里（在城市建成区边缘）。由此可以得出，修建在城市边缘的高铁站与城市经济发展联系较为密切，对城市发展方向和规模的拓展具有明显的关系。这主要是高铁站的定位与城市未来发展规划高度契合，政府的交通设施投资带动了更多私人投资，能在最大程度上发挥高铁站的作用，使城市受益于高铁站的发展。

在第二类城市中高铁站与城市中心大都距离较远，除了许昌3.4公里（城市边缘）、漯河4.9公里（城市建成区边缘）外，咸宁市、郴州市、韶关市、清远市、广州市距离市中心都在6公里以上，韶关更是超过10公里。这类站点与城市经济发展重心并没有呈现明显的一致性关系。主要原因在于城市本身带动能力不足、站点位置偏远等。这类城市需要进一步建立城市内部轨道交通，加强高铁站与城市中心城区的联系，通过高铁的建设吸引更多人才、资金和物资，更好地为城市经济发展服务。

在第三类城市中，高铁站点的修建与城市经济发展方向相反。从信阳东站来看，产生这种现象的原因主要是高铁站周边开发程度较低，高铁站与城市未能充分利用交通基础设施整合资源和土地开发。从广州南站来看，由于城市规模较大，综合经济实力较强，高铁站的修建未能实现经济中心的偏移。这类城市在新一轮的城市发展规划中，应关注高铁站与城市发展的关系，依托高铁站开发周边地区，对城市资源进行有效整合，优化城市经济发展格局。

结合上述分析，高铁站的建设对城市的发展非常重要，高铁站与城市中心的距离影响着城市功能的发挥和资源整合的能力。但这种作用需要充分论证高铁站区与城市总体规划之间的契合性，使高铁站区的开发与城市发展有效结合，提升整体实力。本书研究表明：

一是，高铁站作为城市综合交通枢纽，提升了城市通达性，对城市空间具有重要影响。但高铁站效应的大小与城市规模、城市经济质量和城市区位有关。总体而言，站点的位置与城市中心的距离与高铁站发挥作用的大小存在一定的关系。高铁站在修建过程中，应充分考虑运行速度和建设成本，但还应充分结合城市的发展规划与居民出行的便利程度，否则高铁的修建不能实现其周边地区的有效开发。

二是，高铁站点的修建应与城市经济发展的重心方向相结合。从国外高铁站发展经验来看，高铁的发展在很大程度上是城市经济发展新中心出现的地方。因此，城市规划要结合目前城市发展阶段，把高铁站点的规划与城市总体规划相结合，高铁带来的人流、技术和旅游，将为城市经济焕发增加新的动力。因此，在第二类和第三类城市中，需要加强进一步发挥高铁站的带动作用，加强站点与城市中心的联系，在京广线设站的城市中，高铁站与城市行政中心的距离波动较大，且城市规模的大小与高铁站之间的关系也存在不显著关系。大多数高铁站设置在城市建成区的边缘地方，主要考虑的是建设成本低、拆迁费用较小，且符合长远发展规划。但从目前的结果来看，高铁站与城市发展之间的关系仍不显著，例如第二类和第三类城市。未来，高铁站的选址仍要在兼顾建设成本的基础之上，尽可能大地带动城市发展。

三是，高铁具体路线走向及高铁站的布局是由铁路总公司自上而下推动建设的，地方政府在博弈过程中处于弱势。而铁路总公司在考虑高铁站选址中，更多地是从成本节约、经济效益方面出发，通常选择在经济实力较强、地方政府投资较多的城市，未能考虑城市本身发展的需要，因此可能会出现高铁站的布局与城市经济发展方向不一致的情况。未来，需要进行更加周密的设计，避免出现城市之间爆发高铁争夺战，造成资源浪费。

## 5.5　高铁站对城市多中心格局的案例分析

### 5.5.1　高铁综合交通枢纽的特征

高铁新城是指围绕高铁枢纽站，通过综合规划和打造，形成以高铁枢纽站为核心，具有独特城市功能的圈层区域。我国大多数高铁新城都发展于城市边缘地区，并承担着疏解部分城市功能，打造城市增长极的重要使命。主要特征有以下几个：

**1. 空间结构的独立性**

我国高铁站一般位于城市的郊区或城乡结合部，一般都与城市主城区保持一定的距离，两者之间通过城市公共交通连接。因此，高铁站作为一个特殊的区域坐落于城市建成区范围内。同时由于高铁站的特殊功能，需要将大量的客流疏散到城市各功能区，因此需要在高铁站周边建立网络化的交通设施，随着高铁新城的不断成熟，其独立的空间结构将成为城市主城区功能拓展的重要组成部分。

**2. 经济的独立性**

高铁站作为一个独立的实体，在建设初期受到城市中心区的经济辐射。但其本身就可以看作一个庞大的经济增长中心，高铁站可以提供大量稳定就业岗位，是人口和商业集聚的中心。因此，随着高铁站不断发展与完善，其功能也进一步完善，高铁新城与城市中心之间的人流逐渐减少，通过自身的运转可以实现其经济发展的目标，成为独立于城市发展的功能区。

**3. 规划的独立性**

高铁新城规划大都作为城市卫星城之一，由于其大量客流、物流和信息流等特征，一般适合发展休闲娱乐、商务酒店、会展会议、观光旅游、中介咨询等现代服务业。其发展规划大都与中心城市的主导产业形成错位发展，同时由于其经济的独立性，在城市总体发展规划中，经常把其作为单独一部分进行设计。

### 5.5.2　高铁综合交通枢纽的功能

简单地将高铁车站定义为交通枢纽是远远不够的，这样在很大程度上忽视了高铁车站拥有节点和场所的双重性质，高铁站即作为运输网络中的节点，肩负着运输功能，又是所在城市的一部分，担负着部分城市功能。随着城市之间的联系不断增加，人口和企业在空间和时间上的快速流动成为引导城市空间发展新引擎。高铁站作为核心的区域，形成新的产业功能，吸引其他功能区人口到此安家置业，随着企业和人口的增多，具有现代化意义新的城市功能逐步完善，成为城市发展的新增长点。

（1）主导功能。高铁站首先是城市内部交通与外部交通的转换枢纽，高铁站周围布局了地铁、公交、出租车等交通方式，使高铁站成为城市中人口流动性最大的区域。实现高铁站与城市内部公共交通的无缝对接，实现快速转乘，是高铁站具备的首要功能。围绕高铁站所形成的城市功能也与快速流动的人口有关，如住宿、快餐及商务酒店等。

（2）扩展功能。构建以高铁站为核心的商务圈，提升周边地区的发展品质，高铁站作为城市对外交流的切入点，是城市外来人口对城市发展的第一印象。围绕高铁站应重点布局那些高端的商贸商业形态，发展休闲旅游、综合展示及高端商务等业态，实现与城市其他功能区的耦合。

（3）完善功能。高铁作为新时代的产物，不仅承担着城市交通枢纽功能，同时还对城市产业转型和功能升级具有重要作用。新时代高铁带来的更多是具有高素质的人才和价值链高端的企业，城市对高铁站周边的规划，对吸引经济主体落户到城市，挖掘城市增长潜力，助推城市形成新的增长极有重要作用。

## 5.5.3　高铁站对多种格局的影响模式

在城市发展过程中，大城市凭借其丰富多元化的技术要素、文化要素以及经济要素形成巨大凝聚力，使大城市在个人就业、社会公共服务及职业发展机会、文化教育等方面具有十足的吸引力，吸引了大量的外来人口和企业选择落户在城市。当城市增长到一定规模后，逐渐出现规模不经济现象，如交通拥堵、环境污染、物价上升、生产要素价格歪曲等一系列的城市病问题，城市在区域中的综合竞争力开始减弱，如果没有重大的投资或发展战略，城市可能会逐步丧失发展优势，沦为边缘城市。

随着城市化进程的加快和经济发展质量要求不断提高，我国大部分城市的发展模式逐步从改革开放以来"规模扩张"逐渐向以"空间结构优化"发展模式转变，更多注重城市发展的品质。在此过程中，多中心的城市空间发展格局日益形成。该模式最早出现在19世纪末和20世纪初的欧洲一些发达国家中的大城市或中心城市。在这个阶段，随着城市规模不断膨胀及各种城市病逐渐显现，政府希望通过形成城市内部多中心增长极来引导并疏解核心区过度拥挤的人口，实现城市空间合理化发展。霍华德在《明日的田园城市》中提到，当一个城市发展到一定规模后，继续增长的一部分必须转移到与其相邻的相对较小规模城市中。芒福德在《城市文化》中也明确提出，打破城市传统功能联系较弱、人口过度增长的发展模式，提出一种组合型城市发展形态，即多增长极城市。随着信息和交通技术的发展，美国部分地区的郊区开始出现产业不断集中的现象，即城市郊区出现了大量的传统的居住和生活服务业大量集聚现象，成为城市体系中的独立节点，并通过便捷的高速公路与中心城市有着密切的联系。这种依托便利的交通区位条件和大型的购物中心而形成的城市空间结构也称为"边缘城市"（Garreau，1991）。这种边缘性城市不仅作为中心城市的卫星城，同时还具有明显的城市特征，随着交通网络化和生产网络化的发展，城市中心与郊区的界限日益模糊，这种边缘性城市的概念也日益淡化，中心城区与郊区的空间结构成为一个完成的城市综合体。

多中心城市发展格局最直接的表现就是空间形态的多增长极，呈现出多个集聚的城市"区块"。这种区块的特征在不同层面具有不同的内涵。一是从国家层面主要表现为点状的中心城市、面状的城市群；二是从微观层面就是存在于大城市内部的多中心增长极，更强调城市内部各区域的功能互补和经济协作。多中心的发展不仅可以缓解城市过度发展带来的负担过重问题，同时还为城市或区域未来发展提供更多的机遇。从国家层面讲，多中心的发展可以缩小区域间在人口、技术和公共服务方面差距，对避免生产要素向核心区过度集聚有重要意义，为周边的城市提供了更多的发展机遇，给整个城市和地区带来更多平衡；从城市层面讲，新城和城市副中心的建设开始成为城市发展规划中的重要组成部分。在目前的城市行政区规划下，高铁新城建设和副中心建设可以更大地释放城市潜能，成为城市多中心建设的重要推动力。城市多中心建设保证了每个中心都能为城市发展提供足够的办公场所、交通基础设施和就业岗位，满足不同的人群需求。

西方发达国家的高铁发展历程表明，随着高铁枢纽及其周边设施建设的不断完善，高铁新城必将成为城市转型升级的新抓手，并有助于大城市形成多中心空间格局。随着高铁大规模建设，我国高铁新城的建设高潮也不断涌现。到2025年我国将建成"八纵八横"的高铁网络。从目前现实情况来看，我国高铁站大多离城市中心区较远或修建在城市建成区的边缘位置，高铁站与城市中心之间的空白区域成为城市未来形成新发展带的首选。据不完全统计，目前我国已经开始规划或将要规划、建设高铁新城的城市超过70座，如南京高铁新城、武汉杨春湖商务区、长春西部高铁新城等。高铁新城的建设不仅能疏解中心城区人口压力，同时又能集聚各类商贸、物流，成为城市新的经济增长点。高铁新城作为城市功能的有机延伸，对实现区域协调发展，促进城市本身经济增长和完善区域城镇体系具有重要作用。

**1. 拓展城市郊区化发展**

20世纪80年代后，发达国家的高铁新城建设成为大城市郊区化的重要因素。而我国高铁站大多数修建在远离城市建成区或城市边缘地区，成为城市郊区化发展的重要触媒，加速了城市郊区化进程。具体表现在：高铁新城通过对周边的土地开发拉动，加快了城市郊区的开发。通过带动相关产业发展，加快城市新区建设和旧城更新的步伐。与其他国家不同的是，我国高铁新城的建设更多体现的是政府的意识，高铁新城作为政府重构城市空间发展格局重要手段，是政府促进城市多中心格局，有效缓解大城市病和促进郊区发展的重要抓手，是一种主动郊区化的行为。因此，高铁新城大都围绕大型公共服务设施及房地产开发发展起来，进而推动以高铁新城为主体的城市郊区化进程。从我国高铁新城建设规模来看，大多成为城市发展的重要组成部分和增长极，不仅被寄予城市郊区化的厚望，同时还具有重塑城市空间结构的重要功能。南京高铁新城规划面积达184平方公里，人口160多万人，未来定位于"南京新都中心，三大中心之一"。南京高铁新城的建设，推动了房地产产业的发展，并加快城市郊区化的进程。根据南京

2015年前5月"安居客"网站提供信息，以高铁站为核心的10公里范围内，房价均有不同程度的上升，并且越是靠近交通枢纽的房价，上升越明显。同时高铁新城范围内的房地产项目规模接近整个中心城区的一半，增长态势在整个城市范围内独树一帜。

**2. 加快中心城区人口疏解，重塑城市增长极**

在高铁修建之前，随着农村剩余劳动力的进城务工，大多数农民工首先选择居住在城市郊区，使城市远郊区的人口也会不断增加，但由于他们从事产业比较低端、消费能力弱，并未能形成与中心城区相匹配的"反磁力"中心。国外新城建设经验表明，城市郊区新城作为城市人口向外拓展的"蓄水池"，是城市人口向外疏解的承接地之一，在很大程度上依赖于高度便捷的交通区位优势建立。高铁枢纽的建设和投入使用，高铁站作为各种生产要素和经济资源的汇聚点，在很大程度上改变了城市空间发展方向，对城市总体规划的变革带来深远影响，高铁新城形成的城市新发展空间对疏解中心城区过度密集的人口，打造新增长极具有正向作用。

根据增长极理论、中心地理论及空间一体化理论，高铁的修建在很大程度上对城市空间格局具有引导性作用。高铁站连接了城市各个功能区，高铁线对沿线城市生产要素的流动、产业结构转型和城市连片功能区提升具有重要指引作用。高铁线上的节点在短时间内形成了大量人口进入进出，扩大了居民出行范围和旅行消费，带动了城市高端商务和跨城短期旅游服务业的快速发展。经济距离的缩短，节省了大量的旅途时间，对缓解交通运输紧张、提高劳动力就业机会、促进知识经济及第三产业发展具有重要作用。高铁的开通实现了城市轴带式发展格局，高铁站枢纽日益成为城市新的经济增长极。

**3. 高铁新城改变城市群结构**

目前我国区域经济增长动力已经从"单中心城市"驱动走向以"城市群驱动、跨城市群"交流与合作（王辑宪，林辰辉，2011）。区域间要实现畅通而高效的合作，实现资源、产业、市场的共享，必须建立快速便捷的交通要道，而高铁的建设将对其起到至关重要的作用。高铁新城大都修建于城市经济实力较为雄厚、人口规模较大的城市边缘地区，高铁将城市和城市群密切地联系起来，网络化的交通联系，进一步扩大了城市群的影响范围，强化了城市之间的联系，对城市之间要素流动、分工合作提供了广阔的空间。高铁新城带来人流的汇集，加快了城市群节点城市的空间结构调整，提升了城市发展潜力。沪汉蓉高铁开通之前，荆门凭借其交通优势，逐渐由荆州市下属市发展为省直辖市，荆州市居民想乘坐火车必须去荆门，交通的差距也导致荆门后来发展超过荆州。2012年汉宜高铁开通后，荆门成为湖北下属地级市中唯一一个没有通高铁和动车的城市，襄阳、潜江、荆州都开通了高铁，荆门在高铁网络中被边缘化，之前都到荆门坐火车的居民，都跑到荆州区乘坐高铁，荆门火车站的人流越来越少，随着人流的减少，火车停靠的车次也逐渐减少，形成了恶性循环。

## 5.5.4 国内外高铁站发展案例分析

随着高铁站区周边的城市功能日渐完善，高铁站区成为城市居民和游客停留与居住的新场所，随着功能的日趋强大，扩展了城市规模，加快城市多中心空间格局的形成。高铁站周边便利的城市内部交通，进一步增强了站区周边的吸引力，高铁站区成为安居乐业的新选择。

**1. 中国台湾高铁**

台湾高铁于2007年正式开通，从高雄到台北市约345公里，连接台北、桃园、新竹、台南等城市。台湾高铁连接了台湾主要大中城市，城市经济发展实力较强，区位优势明显，主要修建在城市的边缘地区，距离市中心约5~10公里。围绕高铁站点形成产业园、科教城、生态公园或城市交通枢纽布局模式；站区规划一般在300~500公顷，是城市多中心增长的重要组成部分，依托地方的产业优势和自身的区位条件，各站点均发展具有特色的产业。同时高铁站与城市主城区有着良好的协同关系，在主城的带动下，依托主城产业基础和优势发展。高铁站点作为主城区对外开放的触媒，在交通系统方面与主城区无缝对接，密集的城市内部交通网和高铁支线，形成网络化的运输体系。

（1）新竹高铁站。新竹高铁站位于新竹市东北，距离市中心约10公里，与市中心有两条轨道交通和三条公路相连。规划面积约 310 公顷，其中 140 公顷为公共基础设施用地，规划人口在 3.2 万人，人口密度为 360 人/公顷。高铁站周边主要布局一些高端产业园，如生物医药园、知识经济旗舰园、新竹科学园等。未来围绕高铁站将成为新竹"生医科技城"。未来发展策略主要有：①配合新竹科技园区的发展，结合台科大、台湾国立交通大学等科技产业和技术人才，打造国际化科技发展交流门户；②吸引高科技企业来台投资，重点引进研究、顾问和技术服务等产业，带动城市周边文化和旅游业的发展；③建设以会议、会展为主的商务办公楼，配套舒适的商务休闲设施（见图 5-15）。

**图 5-15　新竹高铁站周边用地布局**

资料来源：王兰. 高铁新城规划与开发研究 [M]. 上海：同济大学出版社，2016.

（2）台南高铁站。台南高铁站距离台南市中心约 10 公里，通过一条轨道交通和两条公路与台南联系。围绕高铁站的土地功能划分为四个区，分别为产业发展区、交通枢纽区、居民住宅区和高端商务区，仅产业发展区占总面积的 45%，以台湾国立交通大学台南分校为研发中心，吸引光电研究院或实验室等机构。①依托台南绿色能源产业，培育和发展太阳能光电、风力发电、LED 灯光照明等产业，包括与其配套的服务产业，如工商展览、会议、商业服务等；②车站专用区规划面积约17公顷，其中配套服务面积约4公顷，重点发展旅馆、商务住宅、高档购物娱乐等产品，满足旅游观光、休闲、生活及产业服务的需求；③高铁局拥有和管理的商业区约2.5公顷，配合产业专用区的发展，重点建设相关商业服务设施，提供商务会展、零售购物及餐饮休闲等服务。

**2. 日本新横滨站**

1964年日本开通了世界上第一条高铁线——日本东海道新干线。新干线沿线高铁站大都是依托原始车站扩建或改建而成的，如名古屋站、京都站等。同时，也有一些站点远离城市中心区，如新横滨站、新大阪站。其中新横滨站是远离主城区发展成为城市副中心的典型案例。

新横滨站距离横滨市中心7公里，新干线开通后，新横滨地区从农业地区一跃成为日本的IT中心和商业中心，在《横滨市都市计划（2013）》中，新横滨区正式被定为横滨市的新中心，包括新羽地区、城乡地区、羽泽地区及新横滨站为核心的新横滨地区。新干线的开通对改善新横滨地区交通具有很大帮助，1967年JR横滨线虽然在新横滨站停靠，但其发车频率很低，到市中心需要转乘，大约花费30分钟。1985年从新横滨到横滨市中心的3号线地铁开通，不需要再换成JR线，到市中心仅需20分钟。随着交通设施的完善，新横滨站不断有企业总部、科技研发中心和医院进入，人气不断集聚，新干线在新横滨站停靠的车次每天增加到51列。为了加强与市中心的联系，新横滨地区开始依托自身的特色，提升城市发展品质，新建横滨国际综合竞技场、小机竞技场、体育场等大型公共服务设施，受到了更多软件开发企业、住宅业、物流业等企业的青睐。

从新横滨地区开发的过程来看，首先依托高铁站进行基础设施的建设，如轨道交通、高速公路、市内公共交通及配套的城市服务设施；其次依托各种基础设施，深度挖掘自身的特色，结合市中心的相关产业，发展与其互补型的产业，吸引有条件的企业入驻。最后，人气不断集聚，城市中生活设施、娱乐设施、生产服务性产业逐步完善，城市功能日益齐全。发展后期发展的中心集中在城市品质的打造，改善城市环境，提升生活服务档次，实现职住平衡（见图5-16）。

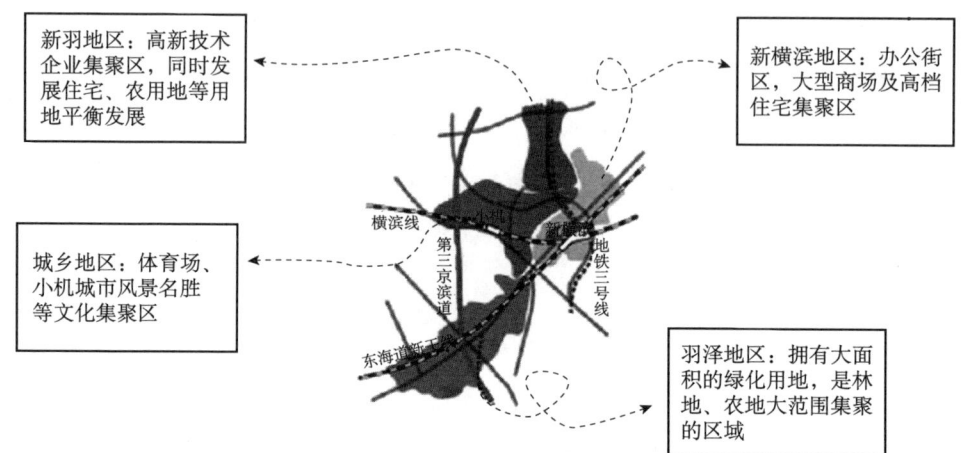

图 5－16　新横滨站功能分区

资料来源：李文静，翟国方，何仲禹，陈泽武. 日本站成一体化开发对我国高铁新城建设的启示——以新横滨站为例［J］. 国际城市规划，2016（3）：111－118.

### 3. 中国大陆高铁案例

我国国内高铁站主要修建在城市的边缘或郊区。在定位方面大都为城市的综合交通枢纽，在站区周边规划商业、金融、住宅、休闲娱乐等功能。从我国高铁新城发展阶段来看，基本与城市总体发展阶段特点相符合（见表 5－7）。

表 5－7　　　　　　　　　我国高铁站规划基本内容

| 城市 | 高铁站 | 定位 | 主要功能 |
| --- | --- | --- | --- |
| 徐州 | 徐州高铁站 | 现代化综合性交通枢纽、徐州市对外开放的前沿和重要窗口，城市重要增长极和城市副中心 | 交通枢纽综合区、行政办公、文化娱乐和商业金融公共服务综合区 |
| 徐州 | 高铁国际商务区 | 集高档住宅、商务办公、大型商业中心为一体的多功能复合商贸城，成为未来徐州三个核心区之一，打造徐州新地标 | 企业总部、高档住宅、现代物流、大型会议中心、商务中心等高档商务配套设施项目 |
| 蚌埠 | 蚌埠南高铁新城 | 功能齐全的现代化新兴城市 | 集商贸、金融、居住等多功能为一体的新城 |
| 沧州 | 沧州西部新城 | 服务业为主，重点发展休闲、旅游、娱乐、餐饮业 | 沧州市展览中心、剧院、图书馆、五星级酒店、国贸中心和高档住宅 |
| 德州 | 德州高铁新区 | 生态宜居、宜业、宜学的新区，为城市提供居住、商业服务和工业服务 | 高档休闲娱乐设施、主体公园及高档住宅 |

续表

| 城市 | 高铁站 | 定位 | 主要功能 |
|---|---|---|---|
| 泰安 | 泰安站新区 | 以居住和公共建设为主的城市综合体 | 安置性住房和高档居住 |
| 滁州 | 高铁站前区 | 集交通、文化娱乐、居住功能为一体的新城区 | 以交通、商务、宾馆为主的交通枢纽，同时配有三个住宅区 |
| 无锡 | 无锡东站区 | 无锡市新增长中心，现代生产性服务业的主要集聚区，具有现代化功能的交通综合枢纽 | 核心片区包括商务、居住、教育及配套住宅，外部片区以绿色生态园区和住宅为主 |
| 苏州 | 高铁新城 | 建设具有现代化的城市综合交通枢纽；打造苏州北部门户，展示城市现代化形象；打造城市经济活动中心 | 商务物流、文化娱乐为主 |

资料来源：根据各城市铁路局网站整理而得。

## 5.6 小结

本章把高铁站选址与城市空间的关系分为三类，分别为融合型、城边型和远郊型。在城市功能与交通枢纽双重作用下，高铁站的修建为城市发展带来新的活动，主要体现在强化原有城市中心、形成多中心城市空间结构及城市同城化发展。本书选取京广高铁为案例，分析了沿线高铁站对城市经济重心变化的影响，在具体分析中本书还利用了夜间灯光数据对城市建成区面积进行提取，并从百度坐标中分别找到了高铁站的坐标与城市行政中心的坐标，采用了三个距离和一个夹角分析了高铁站点与城市经济重心变化的关系，最后根据夹角分为三类，提出未来高铁站的修建应充分与城市未来发展规划建设结合，避免城市之间出现高铁大战现象，造成资源的浪费。

高铁站点地区的建设，明显提升了城市能级、扩张了城市功能类型，提高了城市的辐射影响力，特别是对原来地位较低、交通枢纽作用比较小的城市，高铁站点的设置对城市功能有显著的提升作用。在空间结构方面，高铁站点的开发促进城市形成多中心的空间格局，对大城市而言，改变了中心城市体系的架构，在城市边缘地区形成了新的城市增长节点，拉伸形成了外向拓展的"触角"，形成了城市边缘区的新门户景观，并连接了城市外围片区和中心城区，带动形成了中心城区与外围建设用地轴带连绵发展的新态势。

　　随着城市的发展，大城市的发展逐步从"规模扩张"转向到"空间结构优化"发展模式。在此过程中，多中心的城市空间规划建设日益盛行。发达国家的高铁新城建设成为大城市郊区化的重要因素，我国高铁站大都修建在城市建成区的边缘，高铁站与城市中心之间的空间成为城市发展的首选。在快速城市化的今天，高铁的建设为沿线城市的发展带来了机遇，高铁新城应该加强其规划的预见性和科学性，实现高铁新城与城市主城区发展的协调统一。

# 第 6 章　高铁建设的区域经济一体化效应

每一次交通运输方式的变革都会对城市空间和土地规划带来深刻的影响。越来越多的国内外经济学研究也开始关注交通基础设施与经济发展之间的关系（Fogel，1964；张学良，2012；Banerjee et. al.，2012；Duranton and Turner，2012；Donaldson and Hornbeck，2016）。与世界上那些未能实现经济快速发展的发展中国家相比，我国经济取得快速发展的主要原因在于拥有大幅领先于经济发展水平的交通基础设施条件（刘秉镰等，2010）。近年来，伴随着中国现代化交通运输体系的快速发展，以第六次铁路大提速为代表的高速铁路对传统的时间空间距离提出了挑战，其通过对区域之间的时间距离和经济成本进行再次压缩，进一步催化了交通运输影响经济增长的内在机理和效果（王雨飞和倪鹏飞，2016）。高铁的开通使城市在更大范围内形成城市群或沿高铁沿线城市连绵带。由于高铁建设的时序和开通时间各异，同时受城市规模、城市等级等因素的影响，高铁对城市空间格局的影响也将富有新内涵。受地理、市场及行政力量影响的地理格局，在高铁的作用下，将打破经济发展的梯度转移规律及城市位序格局，改变小城市、中等城市与大都市（终点或始发城市）的通行时间，缩短的时间距离将逐步消除空间中的距离，扩大中心城市的辐射半径，刺激政府对经济增长的预期。未来，因地理距离变化而推动的高铁城市区域格局终将形成。

## 6.1　问题的提出

进入 21 世纪以来,在新型城镇化和区域协调发展的背景下,我国高铁取得了历史性的突破,在不到 10 年的时间里,高铁建设总里程跃居世界第一位。随着全面对外开放战略的实施,我国高铁开始向国外输出,成为提升综合国力的一张靓丽名片。早在 2004 年,我国就提出要在 2020 年之前建设 1.2 万公里的高铁,发展"四纵四横"和三个城际高铁客运系统的目标。2016 年 6 月提出到 2020 年我国将建成"八纵八横"的高铁网络,总运行里程超过 3 万公里。作为跨城市的大容量交通干道,高铁的开通压缩了沿线城市及周边城市的时空距离,扩大了大中城市集聚力和辐射力,带来了更多人口的流动,市场主体的区位选择权利和范围都得到扩大,企业和居民用脚投票的行为得以实现,以行政区为基本单元的区域或城市治理模式开始逐渐被打破。高铁作为新的经济发展动力,必将推动因时空距离改变的新的城市空间格局形成。

高铁的快速发展,对城市或区域经济一体化的影响日益受到学术界的广泛关注。由于日本新干线、法国 TGV、德国 ICE、西班牙 HSR、中国台湾 THSR 高铁修建较早,早期的研究主要围绕上述国家或地区,论证高铁的修建对沿线区域经济的影响。高铁的建设为城市经济发展提供了面对面交流的机会,同时人与人之间的交流为城市经济积累了知识资本。然而,高铁对城市体系的发展无论从长期还是从短期来看都是非常复杂的。其中一种观点认为高铁的建设在短期内会促进经济的增长,但从长期来看,高铁的建设会导致区域经济不平衡发展,核心城市的竞争力得到快速的提升,而边缘城市或区域经济增长逐渐下降。因此高铁并不能促进区域经济一体化发展,带来的只是"极化效应"(Elhorst, Oosterhaven, Romp, 2008; Hall, 2009; Preston 和 Wall, 2008; Vickerman, 1997)。另一种观点认为,高铁建设可以提升城市通达性,改善经济主体的区位条件,缩短城市之间的时间距离,促进区域经济的增长,尤其是高铁站点对城市的经济增长具有长期的推动作用(Ahlfeldt 和 Feddersen, 2010; Kim, 2000)。交通基础设施的建设与运营支撑着整个国民经济的正常运行,并带动相互关联产业的空间布局和快速发展，促进区域经济协调发展。总而言之，我国长期的经济增长，离不开交通基础设施的规模效应和网络效应。

本章正是在我国高铁大步向前迈进的历史中，在推动区域协调发展的背景下，从全国地级市及以上城市层面研究高铁建设的一体化效应，进而为我国建设高铁提供经验证据。本章分为三个角度来探讨高铁的一体化效应，一是从全国层面分析高铁建设的一体化效应；二是分东中西三个区域以及把所有样本城市分三个行政级别对高铁建设的一体化效应进行分析；三是选取不同区域的城市群，对城市群内部各城市在高铁作用下的一体化效应进行分析。

## 6.2 高铁对区域经济一体化影响机制

高铁的建设运营提高了城市的通达性，改变了城市的区位条件。高铁沿线的城市形成了高通达性的廊道效应，沿着高铁线的城市之间联系的藩篱开始逐渐打破，城市间的交通成本和通勤时间减少。一方面高铁的运营会带来经济活动的重新布局，高铁的开通会增加企业或居民的区位选择，区域范围内劳动力市场会逐渐扩大，企业和劳动力之间的匹配关系逐步提升。随着交通网络化的不断完善，城市间的经济联系日益成熟，以行政区划为主体的城市经济发展不再适应快速大规模的经济发展，大城市开始逐渐打破各自为主的发展模式，利用便捷的交通设施，开始将城市内部部分产业或城市功能向外转移，中小城市借机开始发展与大城市互补的产业，城市之间开始形成错位发展的态势，改变经济活动的发展格局，进而加快区域经济一体化发展；另一方面高铁通过压缩时空距离，扩大了城市信息来源，降低了产品交易成本和生产成本，城市通达性的提高，使原本就有较强吸引力的大中城市人口进一步集聚，造成城市内部土地、劳动力等生产要素成本的上升，迫使城市进行功能疏解，进而促进经济一体化发展。高铁形成的廊道效应，促使沿线城市相互利用自身比较优势，提高专业化水平，实现错位发展，进而提升了城市生产效率，这意味着城市可以获得更多与其他城市交换商品和服务，随着城市间贸易流量的增加，更多经济主体可以获取更多的利润，促使相互分割的市场一体化，实现价格的均等化。

总之，高速铁路网的日益完善逐渐成为影响我国区域经济一体化发展的重要因素。高铁通过提升城市的通达性，降低城市之间、城市群之间、区域之间的旅行成本和运输成本，打破了生产要素跨空间流动的壁垒，促使其沿线城市不断加强经济合作，从而改变区域经济发展格局（见图6-1）。

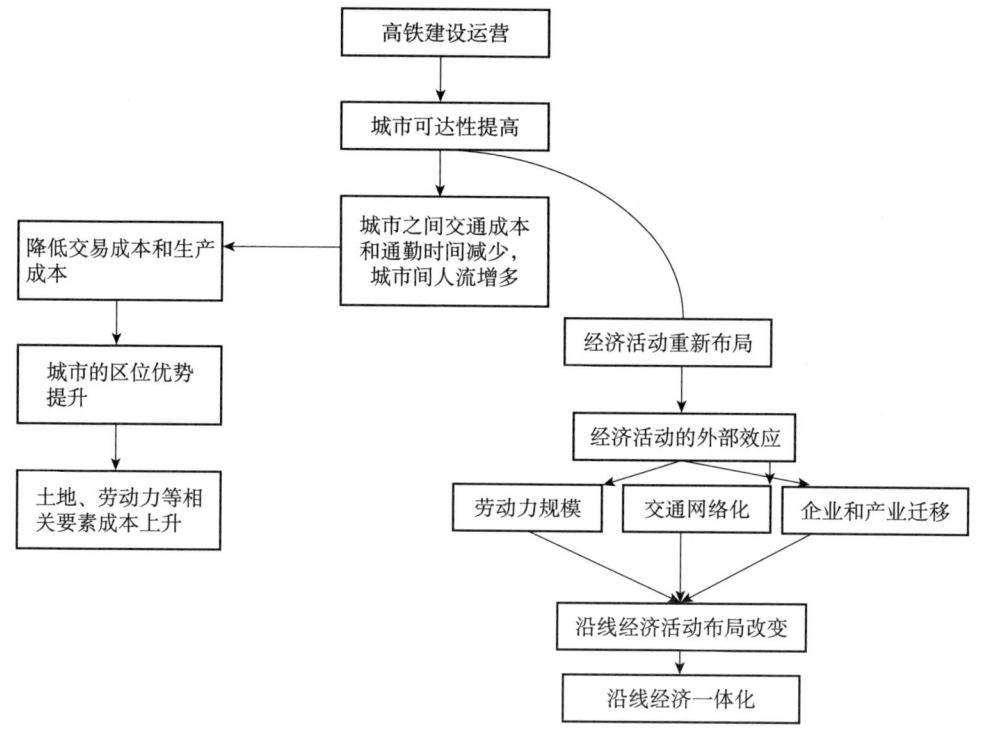

图 6-1 高铁对区域经济一体化影响机制

## 6.3 模型、方法和数据

### 6.3.1 估计方法介绍

把高铁作为城市的一个外部冲击，符合自然实验的思想，通过比较开通高铁前后区域或城市间的一体化水平，通过差分的方法来衡量高铁的一体化作用。但仅仅做一次差分所估计的结果仍存在一定偏差。因为在众多影响区域经济一体化的因素中，高铁仅是其中一个，政府实施的任何一项政策或重大发展战略都会对一体化产生影响。因此，仅仅采用单差分不能将这些其他外生性因素造成的影响考虑在内。因此，采用更合理的双重差分的方法可以更科学地估计高铁的一体化效应。

利用双重差分对高铁的一体化效应进行评估的首要前提就是对样本进行随机分组，其中修建高铁的城市为处理组，没有修建高铁的样本城市为控制组，在对高铁的经济效应进行评估研究中，处理组为开通高铁的城市，否则为控制组。设分组虚拟变量 $d^j$，处理组的虚拟变量 $d^1=1$，表明该组样本受到高铁的影响；控制组的 $d^0=0$，该组没有受到高铁的影响。所有样本的时间虚拟变量为 $d_t$，在高铁修建前 $d_t=0$，高铁修建后 $d_t=1$。时间虚拟变量与分组虚拟变量的城际为双重差分的估计系数。计量模型一般可表示为（陈林、伍海军，2015）：

$$y_{it}^j = \alpha_0 + \alpha_1 d_t + \alpha_2 d^j + \beta d_t^j + \alpha_3 x_{it}^i + \varepsilon_{it}^j \quad (6-1)$$

在保证分组随机和时间随机的前提下，处理组的真实效应为 $\hat{\beta}$

$$\hat{\beta} = (\bar{y}_1^1 - \bar{y}_0^1) - (\bar{y}_1^0 - \bar{y}_0^0) = E[y \mid d_t^j = 1] - [y \mid d_t^j = 0] \quad (6-2)$$

$\beta = E[y \mid d_t^j] > 0$，则表明高铁的冲击对一体化的影响是正向的，否则为负向的。如果高铁不产生影响，则该系数为 0。

在本章所研究的时间段内，我国高铁正在进行大规模的建设，高铁建设提供了一个采用自然实验的很好的环境。在对样本城市进行分组时，可以把开通高铁的城市当做处理组，其他的样本城市作为控制组。① 大规模的高铁投资，限于国家和各城市的财政状况，我国高铁在建设过程中采用的是分批批复的方式，在回归过程中，把城市是否修建高铁作为核心解释变量—虚拟变量。城市修建高铁②，则 HSR=1，否则为 0。基于上述分析，本书采用双重差分法检验高铁的一体化效应。

---

① 为保证数据的平稳性，本书在研究过程中不包括四个直辖市。考虑在 2007—2013 年我国部分城市进行了行政区划调整，为保证城市统计指标口径的一致，我们也剔除这些城市。为保证处理组和控制组样本数量，保证数据能有足够的变异，我们选择高铁开通和建设较快的时间段为研究区间。

② 在利用自然实验方法研究高铁的一体化效应过程中，我们定义如果高铁是在 6 月 30 号之前开通的，则定义为当年开通，如果是在下半年开通，则定义为下一年的开通时间。如果都定义为当年开通，则会低估高铁的一体化效应，如果都定义为下一年开通，则会高估高铁的一体化效应。因此，以 6 月 30 号为节点，分别处理高铁的开通时间，以保证数据的有效性。

本书采用了 2007—2013 年 278 个地级及以上城市为研究对象，在这几年中，我国高铁开始大规模批复和修建。这些修建高铁的城市和没有批复或修建高铁的城市为我们采用双重差分法提供了一个良好的自然实验环境。本书把修建或已经批复修建高铁的 130 个城市设为处理组，那些没有批复或没有修建高铁的城市为控制组。高铁投资规模较大，受政府财政实力的约束，中央政府对每个城市高铁建设的批复采用分批形式，以避免大规模的投资造成政府财政赤字过大的问题。评估高铁建设的一体化效应，根据高铁修建和开通的时间，我们设虚拟变量作为高铁的解释变量。开通高铁前为 0，开通高铁后为 1。基于上述假设条件，本书构建双重差分模型进行计量分析，检验高铁建设的一体化效应。同时构建基于市场购买力的一体化指标。如式（6-3）所示：

$$MP_{it} = \beta_0 + \beta_1 HSR_{it} + \beta_3 X_{it} + \gamma_t + \mu_i + \varepsilon_{it} \quad (6-3)$$

其中，$MP_{it}$ 为因变量，本书采用了城市的市场潜力的对数 $\ln MP_{it}$ 来衡量区域经济一体化，$i$，$t$ 分别代表第 $i$ 个城市和第 $t$ 年，$\gamma_t$ 表示时间固定效应，$\mu_i$ 表示地区固定效应。$X_{it}$ 为其他控制变量，这些控制变量包括修建高铁的影响因素，如政府投资、城市化水平、城市基建，同时还包括影响人口和企业对区位重新选择的因素，如技术创新、人力资本、对外开放程度等。其中解释变量系数 $\beta_1$ 对应的是高铁建设的一体化效应的系数，如果该系数为正，且具有显著的统计意义，则表明高铁的建设对经济一体化具有正向效应，如果该系数非正，则表明高铁建设并没有促进经济一体化发展。

## 6.3.2 数据、变量和描述性统计

**1. 被解释变量**

最早的区域经济一体化可以追溯到 19 世纪 40 年代末期，关于经济一体化研究最多的是国家关税减免和其他贸易摩擦。高铁的开通或交通基础设施的提高，提高了沿线城市的可达性，打破了城市间一体化的藩篱。从目前研究文献来看，不同学者根据研究的需要，采用不同的测度方法来构建区域一体化指标。例如，黄森（2014）采用我国省际之间公路、铁路和水路运输客运和货运的总和来衡量

省际间一体化水平；刘生龙、胡鞍钢（2011）利用省份之间的贸易量来衡量一体化，这种方法从理论上讲是最为符合一体化概念的，但从交通部内部获得该数据存在一定的难度；行伟波、李善同（2010）利用我国分省份的投入产出表计算出各省份之间的贸易流量来衡量一体化程度，结果表明我国区域经济一体化水平存在明显的上升趋势；侯赟慧、刘志彪、岳中刚（2009）采用区域之间产业结构及经济联系来衡量一体化；鲁晓东、李荣林（2009）采用自由资本模型，利用国外直接投资指标来衡量我国区域经济一体化。

关于区域经济一体化的研究，更多的学者采用省际之间贸易流的办法，但通常我国省际之间的贸易流难以获取，从投入产出角度分析省际之间的贸易流存在较大误差。本书的研究对象是全国地级及地级以上城市，记录城市之间贸易流的数据更是寥寥无几。从区域一体化的实现过程来看，贸易往来仅仅是区域一体化的初级阶段，只有当区域一体化实现政策一体化时才真正进入区域一体化阶段（孙久文，2015）。为克服数据缺失问题，赵永亮、才国伟（2009）利用结构参数估计模型，采用市场潜力指标来衡量一体化，结果表明交通基础设施的建设提升了城市间贸易机会，降低了贸易成本，对促进产业空间集聚，提升贸易一体化具有正向效应。高铁这种新型交通工具将进一步加快城市间劳动力的流动，促进同城化和一体化。众多研究表明地区行政分割是阻碍区域一体化的重要原因（Engel and Rogers，1996；黄兴飞，2014；）。而同一省内的城市之间的一体化阻力就相对较小，跨省际城市之间的行政分割就相对明显，市场一体化阻力较强。高铁的开通压缩了沿线城市间的时空距离，使沿线大中城市的经济集聚力得到大幅度增强，提高了与周边城市人与人之间的交流机会，人与人之间的交流，进一步密切了城市间的联系，在很大程度上可以优化城市产业分工和功能布局，加快城市间一体化发展。Zheng 和 Kahn（2013）认为一个城市的市场潜力可以表示为其对周边城市商品或服务及劳动力的购买，城市要实现市场潜力的提升，必须加强与周边城市的联系，构建快速的沟通渠道。因此，考虑高铁的建设，在一定程度上可以利用市场潜力表示一个城市或区域的经济一体化程度。

$$MP_{i,t} = \sum_{j} income_{j,t} \cdot e^{-\alpha T_{ij,t}} = \sum_{j} pop_{j,t} \cdot income\_pc_{j,t} \cdot e^{-\alpha T_{ij,t}} (i \neq j)$$

(6-4)

式中，$MP_{i,t}$ 表示城市在 $t$ 的市场潜力，来测度一体化程度。$pop_{j,t}$ 城市 $j$ 在 $t$ 年的城市年末总人口，$income\_pc_{j,t}$ 为城市 $j$ 在 $t$ 年的人均可支配收入，$\alpha$ 为空间衰减系数，设该系数为 0.02。

$T_{ij}$，$t$ 表示城市 $i$ 与城市 $j$ 之间的时间距离（用分钟表示）。由 GIS 中城市几何中心点与点之间的距离，测算出城市 $i$ 与城市 $j$ 之间的直线距离。根据历史经验估算，实际的铁路距离是直线距离的 1.2 倍。所有地级市及以上城市之间有铁路、高速公路相连，传统铁路平均速度为 120 公里/小时，同时这也是我国高速公路规定的驾驶最高速度。根据中国铁道部 2013 年第 34 号令，高铁是指新建的设计开行速度为 250 公里/小时（含预留）及以上动车组列车的客运专线。本书根据目前我国开通高铁、动车、城际的城市，并根据其运行路线，整理出运行速度在 250 公里/小时以上及各城市的高铁里程，计算出城市之间的时间距离。$T_{ij}$，$t$ 为两城市间最短的时间距离。

**2. 解释变量**

根据城市开通高铁的时间，采用虚拟变量的方法的解释变量对每个城市进行赋值，如果该城市开通高铁则为 1，否则为 0。高铁车次和高铁发车频率也在一定程度上影响城市间的联系程度，也是影响区域经济一体化的重要变量。根据 12306 及高铁网公开的线路信息，通过网络爬虫的方法对各城市每年高铁经过并停靠的车次进行整理，并检验高铁车次的多少对经济一体化的影响。

**3. 控制变量**

在搜集数据过程中难以避免获得样本实际观测值问题，在模型估计中难免会有遗漏变量等问题。本章关注的重点问题是高铁建设的一体化影响，但除此之外，其他影响一体化的因素同样存在，如城市化水平、政府投资水平、城市对外开放水平等。为尽可能地减少系数的偏误，还选取了一些控制变量来检验高铁建设的一体化效应。

人力资本。知识溢出是提高经济一体化的重要力量，高素质的人才大量流动可以促进新技术、新知识在不同城市的传播和应用（李国平、范红忠，2003；蔡昉、都阳，2000）。目前测度城市人力资本存量的方法都存在一定的瑕疵。高等教育作为培育高素质人才的重要方式之一，那些高等教育资源丰富的城市其人力资本也相对丰富（陈斌开，张川川，2016）。本书采用每万人普通高等学校在校生数衡量城市的人力资本。

基建水平：交通基础设施的完善为促进城市间交流，减少交易成本提供了基础。完善的交通基础设施网络，可以扩大城市的影响范围，使更多的城市纳入一体化发展过程中，为实现资源的优化配置奠定基础。为衡量前期一体化基础，本书利用目前城市的公路里程表示基建水平（张先锋、丁亚娟、王红，2010）。

产业结构：产业结构转型升级以及区域内部产业整合将给区域经济一体化发展带来新的动能，促使该地区逐步成为新的经济高地。通过整体性的产业结构调整和完善，理顺产业之间的比例关系，减少结构性摩擦，将加快区域经济一体化进程。本书利用城市第二产业、第三产业从业人员占总人口比例来表示产业结构（刘兆德、陈素青、王慧，2004）。

要素流动：经济一体化的主要表现就是要素流动的障碍逐渐模糊，高铁的开通提升了城市的可达性，企业和居民在城市间的流动进一步加快，经济活动的区位选择范围得到拓展，有利于经济一体化的发展。高铁作为客运的主要交通运输方式，在很大程度上影响了劳动力的流动方向和流动频率。促使劳动力流动的主要因素就是城市间的收入差异（何雄浪、杨继瑞，2013）。本书利用城市人均收入表示城市之间人口流动。

城市化水平：城市化水平的提高意味着城市人口的增加和城市规模的进一步扩大，人口在城市的集聚进而产生多样化的需求和购买力的增强。城市人口的集中将加快知识交流，促进技术创新，产生的溢出效应加快城市间的联系，有利于经济一体化发展（朱昊、赖小琼，2013；程开明，2007）。本书利用地区非农人口数占总人口比重表示。[①]

技术创新：高铁的开通增加了人与人面对面交流的机会，推动了各种创新要素在空间流动的速度，由技术创新带来的溢出效应，将加强大中城市与次区域城

---

① 由于《中国城市统计年鉴》对非农业人口数据的统计截至2009年，采用该指标计算城市化水平会造成后面年份数据大量缺失，本书利用市辖区人口代替非农业人口数计算城市化水平。

市之间的创新合作，对经济一体化具有促进作用。本文利用城市财政支出中科技支出占城市一般预算内支出比重作为城市技术创新的代理变量。

政府投资：以 GDP 作为官员晋升的考核指标，会进一步强化政府在社会经济发展中的地位。实现本地经济快速发展最直接有效的方法之一就是加大政府投资，政府作为地方经济利益代表，通过加大财政支出，建设城市内外交通基础设施，营造招商服务环境，加大与周边城市的联系，对区域经济一体化具有重要影响。因此，在区域经济一体化过程中，政府投资是一个重要的影响因素。本书利用地方财政一般预算内支出占 GDP 比重表示。

**4. 工具变量**

为考虑高铁对经济发展的促进作用，我国高铁线路的建设一般会选在人口密度较大、经济发展基础较好的区域。因此，高铁建设与经济发展之间存在内生性，进一步会导致估计结果因为内生性而存在选择性偏误。为克服由内生性带来的估计偏误，国内外许多文献通过采用倾向得分值匹配法、联立方程法及工具变量法来提高实证的严谨性。根据数据的可行性及技术的可操作性，本书选取了工具变量法来解决高铁建设的内生性问题所产生的样本选择性偏误。从文献梳理过程中发现，国内外许多学者把历史铁路线当做工具变量来解决交通基础设施内生性问题（Baum-snow, Brandt, Henderson, Turner 和 Zhang，2012；Duranton and Turner，2012；Faber，2012）。因此本章采用 1961 年城市是否拥有火车站这个虚拟变量作为替代高铁建设的工具变量，如果有火车站，则为 1，否则为 0。①

### 6.3.3 数据来源

本章使用城市数据主要来源于 2008—2015 年《中国城市统计年鉴》和《中国区域统计年鉴》，高铁线路的数据主要通过网络爬虫的方式从高铁网整理得到，对于缺失的部分城市数据，本书还查找了这些城市每年的《政府工作报告》和《国民经济与社会发展统计公报》，对有些仍无法完善的数据，利用统计学中的插值法进行补齐。为消除异方差，对相应指标进行了对数处理（见表 6-1）。

---

① 根据美国国会图书馆的 1961 年中国铁路图整理。

表 6-1　　　　　　　　　变量描述性统计

| Variable | Obs | Mean | Std. Dev. | Min | Max |
|---|---|---|---|---|---|
| $Int$ | 1946 | 16.56 | 1.37 | 9.42 | 22.27 |
| 基础设施 | 1946 | 9.13 | 0.67 | 6.36 | 10.54 |
| 人力资本 | 1946 | 10.31 | 0.32 | 9.16 | 12.79 |
| 城市化水平 | 1946 | 0.34 | 0.23 | 0.04 | 1.000 |
| 要素流动 | 1946 | 0.13 | 0.08 | 0.03 | 1.46 |
| 政府投资 | 1946 | 10.23 | 0.64 | 7.43 | 11.48 |
| 技术创新 | 1946 | 0.01 | 0.01 | 0.001 | 0.16 |
| 第二产业就业 | 1946 | 0.05 | 0.07 | 0.002 | 1.08 |
| 第三产业就业 | 1946 | 0.05 | 0.04 | 0.02 | 0.51 |
| 高铁建设 | 1946 | 0.27 | 0.44 | 0.000 | 1.000 |
| 高铁车次 | 1946 | 38.53 | 100.77 | 0.000 | 790.000 |

## 6.4　实证分析

### 6.4.1　高铁建设与区域经济一体化：基本结果

**1. 高铁建设对区域经济一体化影响：全国层面**

把高铁作为影响区域经济一体化的外部冲击，首先从全国层面检验高铁建设的一体化效应。以高铁建设为一个准自然实验，采用双重差分法对所有样本进行基础回归，结果如表 6-2 所示。

表 6-2　　　　高铁建设对区域经济一体化的影响估计结果

| | 模型 1 | 模型 2 | 模型 3 | 模型 4 |
|---|---|---|---|---|
| 高铁建设 | 0.8849 *** <br> (31.584) | 0.9093 *** <br> (31.805) | | |
| 高铁车次 | | | 0.001 *** <br> (5.420) | 0.001 *** <br> (5.150) |
| 基础设施 | | 0.005 <br> (0.127) | | -0.001 <br> (-0.027) |
| 要素流动 | | 0.016 <br> (0.326) | | 0.062 <br> (0.979) |
| 城市化水平 | | 0.032 <br> (0.151) | | -0.382 ** <br> (-1.428) |

续表

| | 模型1 | 模型2 | 模型3 | 模型4 |
|---|---|---|---|---|
| 政府投资 | | 0.012<br>(0.085) | | -0.119<br>(-0.690) |
| 人力资本 | | -0.104*<br>(-1.033) | | 0.005<br>(0.038) |
| 技术创新 | | 0.297<br>(0.261) | | -0.585<br>(-0.407) |
| 第二产业就业 | | -1.111***<br>(-5.079) | | -0.593**<br>(-2.158) |
| 第二产业就业 | | 0.703*<br>(1.065) | | 3.104***<br>(3.746) |
| 地区效应 | 控制 | 控制 | 控制 | 控制 |
| 时间效应 | 控制 | 控制 | 控制 | 控制 |
| _cons | 15.986***<br>(1102.845) | 16.842***<br>(14.203) | 16.142***<br>(946.546) | 15.518***<br>(10.393) |
| $N$ | 1946 | 1946 | 1946 | 1946 |
| $R^2$ | 0.715 | 0.720 | 0.551 | 0.556 |

注：(1) 括号中为 t 值；(2) *、**、*** 分别表示显著水平为 10%、5% 和 1%。

表6-2中的模型1与模型2是控制了时间效应和地区效应，分别加入控制变量和没加入控制变量回归的结果，结果表明从全国层面高铁建设具有正向效应，并且具有显著的统计意义。模型1中，高铁建设的正向效应平均为0.8849。加入控制变量后该系数为0.9093。

交通基础设施与经济发展之间本来就存在内生性问题。高铁作为一项大规模的政府投资，目前开通高铁的城市大都是处于我国经济比较发达的地区或区域中心城市，人口密度高、综合实力强。那么模型1和模型2得到的系数可能会高估高铁的一体化影响。为消除这种由内生性问题带来的选择性偏误，选取了历史数据作为高铁建设的替代变量作为工具变量，利用二阶最小二乘法对高铁建设的一体化效应重新估计。在使用工具变量之前，有必要对该工具变量进行不可识别和弱工具变量检验两种检验，以使该工具变量有效（见表6-3）。

表6-3　　　　　　　　　工具变量有效性检验

| 检验名称 | | 检验结果 |
|---|---|---|
| 不可识别检验 | 不可识别检验：29.68<br>P-val = 0.0000<br>弱工具变量检验 - F 值： | 34.77 |

续表

| 检验名称 | | 检验结果 |
|---|---|---|
| 弱工具变量检验 | 15% maximal IV size | 8.96 |
| | 20% maximal IV size | 6.66 |
| | 25% maximal IV size | 5.53 |

从上述两个不可识别和弱工具变量检验的结果来看,不可识别变量的 P 值为 0,弱工具变量的 F 值为 34.77,在统计意义上都可以拒绝原假设,也就是说选取的历史工具变量与内生变量存在高度相关,因此该工具变量是有效的。

表 6-4 中第二列是加入工具变量后回归的结果,发现加入工具变量后,高铁建设的一体化效应下降了 0.208,并且在 1% 的显著水平上具有显著的为正,尽管系数明显下降,但高铁建设仍促进了区域经济一体化发展。

表 6-4　　高速铁路建设对城市经济一体化的影响:2SLS 估计结果

| | OLS | IV | 第一阶段 |
|---|---|---|---|
| 高铁建设 | 0.909*** | 0.701*** | |
| | (31.805) | (3.039) | |
| 工具变量 | | | 0.119*** |
| | | | (5.902) |
| 基础设施 | 0.005 | -0.596*** | -0.035 |
| | (0.127) | (-15.289) | (-1.23) |
| 人均工资 | 0.016 | 0.088 | 0.136** |
| | (0.326) | (1.068) | (2.47) |
| 城市化水平 | 0.032 | -0.199** | 0.108** |
| | (0.151) | (-2.198) | (1.73) |
| 政府投资 | 0.012 | 0.673*** | -0.337** |
| | (0.085) | (3.3) | (-2.43) |
| 人力资本 | -0.104 | 0.642*** | 0.167*** |
| | (-1.033) | (11.701) | (6.42) |
| 技术创新 | 0.297 | 2.997* | 2.122* |
| | (0.261) | (1.773) | (1.82) |
| 第二产业就业 | -1.111*** | -0.104 | 0.783*** |
| | (-5.079) | (-0.302) | (3.40) |
| 第三产业就业 | 0.703 | -2.858*** | -0.604 |
| | (1.065) | (-4.994) | (-1.420) |
| 地区效应 | 控制 | 控制 | 控制 |

续表

| 时间效应 | OLS | IV | 第一阶段 |
| --- | --- | --- | --- |
|  | 控制 | 控制 | 控制 |
| _cons | 16.842*** | 14.621*** | -0.035 |
|  | (14.203) | (15.037) | (-1.23) |
| N | 1946 | 1946 |  |
| $R^2$ | 0.720 | 0.867 |  |

注：(1) 括号中为 t 值；(2) *、**、*** 分别表示显著水平为 10%、5%、1%。

### 2. 高铁建设与区域经济一体化：分区域、城市级别

从区域发展的过程来看，大中城市一直是人口和经济要素主要集聚区。随着大城市对周边区域要素的集聚，当便利的交通基础设施开通运营时，大城市开始对周边小城市产生明显的辐射和扩散效应，通过交通设施疏解城市过度集中的人口和部分城市功能，进而推动区域一体化发展。在全国层面检验高铁建设的一体化效应基础上，对所有样本进行分区域和分城市级别检验，按板块划分，把全国分为东中西三个区域，按城市级别把城市分为（省会城市①、较大城市、其他地级城市）。结果表明在分区域层面，高铁建设的一体化水平在 1% 显著水平上为正，并且平均效应最大的是中部地区，其次为东部地区、西部地区。从城市级别的检验结果来看，高铁建设一体化效应最大的是较大城市和省会城市。结合上述两个结果可以发现，高铁的一体化效应存在明显的梯度差异。具体原因可能在于：一是我国东部地区经过改革开放 40 年的发展，综合经济实力较强，城市对外开放水平较高，城市间的道路交通网络本来就很发达，高铁的开通对本来就已一体化程度较高的城市之间的推动作用相对较小；二是中部地区城市经济发展空间较大，区域城市首位度高，大规模的高铁投资，带动了区域中心城市经济的快速发展，在高铁大规模建设的背景下，城市间的人员、信息、技术等要素流动加快，城市之间行政壁垒开始弱化，城市间合作、错位发展加快，加速国家各项政策的影响，区域一体化效应明显提升（见表 6-5、表 6-6）。

---

① 根据国务院划定的副省级城市以及本书选取的样本，把大连、青岛、宁波、厦门、深圳分别划为省会城市进行检验。

# 第6章 高铁建设的区域经济一体化效应

表6-5 高铁建设对区域经济一体化的影响：分区域检验

| | 东部城市 | 中部城市 | 西部城市 |
|---|---|---|---|
| 高铁建设 | 0.814 *** | 1.113 *** | 0.918 *** |
| | (12.531) | (34.875) | (17.819) |
| 基础设施 | 0.295 *** | -0.092 ** | 0.062 ** |
| | (2.617) | (-2.134) | (1.190) |
| 要素流动 | 0.024 | 0.103 ** | -0.119 * |
| | (0.153) | (2.194) | (-1.164) |
| 城市化水平 | 0.380 | -0.357 * | -0.879 * |
| | (0.933) | (-1.438) | (-1.510) |
| 政府投资 | 0.025 | -1.337 *** | 0.307 |
| | (0.100) | (-3.131) | (1.352) |
| 人力资本 | -0.563 * | 0.066 | 0.051 |
| | (-1.862) | (0.671) | (0.248) |
| 技术创新 | 2.848 | -1.245 ** | 0.306 |
| | (0.843) | (-1.280) | (0.082) |
| 第二产业就业 | -0.947 ** | 0.628 | -0.497 |
| | (-2.534) | (0.824) | (-0.445) |
| 第三产业就业 | 0.400 | 0.826 * | 0.072 |
| | (0.194) | (1.070) | (0.071) |
| 年份效应 | 控制 | 控制 | 控制 |
| 地区效应 | 控制 | 控制 | 控制 |
| _cons | 19.492 *** | 15.502 *** | 15.465 *** |
| | (5.7400) | (12.753) | (7.108) |
| N | 581 | 791 | 520 |
| $R^2$ | 0.612 | 0.871 | 0.784 |

注：(1) 括号中为t值；(2) *、**、*** 分别表示显著水平为10%、5%、1%。

表6-6 高铁建设对城市经济一体化影响：分城市级别检验

| | 副省级城市 | 较大城市 | 地级市 |
|---|---|---|---|
| 高铁建设 | 1.095 *** | 1.104 *** | 0.857 *** |
| | (10.830) | (4.476) | (31.156) |
| 基础设施 | 0.142 | 0.490 | -0.027 |
| | (0.739) | (0.949) | (-0.859) |
| 人均工资 | -0.387 ** | 0.306 | 0.042 |
| | (-1.311) | (0.596) | (0.957) |
| 城市化水平 | 0.526 | 1.107 | -0.033 |
| | (0.443) | (0.516) | (-0.179) |
| 政府投资 | 0.193 | 0.818 | -0.025 |
| | (0.054) | (0.235) | (-0.221) |
| 人力资本 | 0.243 | -0.573 | -0.130 |
| | (0.521) | (-0.344) | (-1.471) |

续表

| | 副省级城市 | 较大城市 | 地级市 |
|---|---|---|---|
| 技术创新 | 12.151**<br>(2.063) | 8.251<br>(0.580) | -1.644*<br>(-1.651) |
| 第二产业就业 | -1.726**<br>(-1.795) | 2.617<br>(0.531) | -1.205***<br>(-6.120) |
| 第三产业就业 | -1.917<br>(-0.957) | -4.057<br>(-0.317) | 1.526**<br>(2.171) |
| 地区效应 | 控制 | 控制 | 控制 |
| 时间效应 | 控制 | 控制 | 控制 |
| _cons | 15.681***<br>(2.913) | 13.768<br>(0.774) | 17.164***<br>(16.384) |
| N | 210 | 105 | 1631 |
| $R^2$ | 0.683 | 0.499 | 0.780 |

注：(1) 括号中为 t 值；(2) *、**、*** 分别表示显著水平为 10%、5%、1%。

### 3. 高铁建设对城市群的经济一体化影响检验

随着城市间联系日益紧密，以大城市为核心的城市群日益成为支撑全国经济发展的重要增长极，越来越多的城市希望加入城市群以获得更大的规模效益。随着高铁网络化形态的不断完善，城市群的集聚和扩散效应将在更大范围发生作用。城市群日益成为主导经济发展命脉的有效载体，成为规模经济和经济转型发展的源泉。

城市规模的扩大，城市与城市、城市与农村之间的界限变得越来越模糊，相邻的城市或区域之间加强经济合作，密切往来，不仅能够提高城市的经济效率，同时还能够扩大辐射范围，加快相关产业间的合作，城市群内部的同城化现象日益明显，"半小时经济圈""一小时经济圈"等层出不穷，而高速铁路、铁路、城际轻轨等交通设施的大规模建设通过促进要素在城市间快速流动，对城市发展存在推动和再分配效应，城市间可达性的提高促进城市群经济一体化。因此，在对不同区域、不同行政级别的城市检验的基础上，还重点检验了高铁对我国各城市群内部一体化的效应，在选取城市群的过程中，考虑城市的样本数量及城市群所处的地理区位，选取了长三角城市群（除上海市以外的地级市）、长江中游城市群、中原城市群、成渝城市群（除重庆市以外的地级市）进行检验。从表 6-7 的结果来看，高铁对城市群内部的一体化存在明显的促进作用。高铁在中部城市群的效应最显著，明显大于东部城市群和西部城市群（见表6－7）。

表6－7　　　　高铁建设对城市群内部经济一体化影响

| | 长三角城市群 | 长江中游城市群 | 中原城市群 | 成渝城市群 |
|---|---|---|---|---|
| 高铁建设 | 0.781*** <br> (16.250) | 1.3040** <br> (32.545) | 1.014*** <br> (21.154) | 0.540*** <br> (5.720) |
| 基础设施 | 0.104 <br> (0.806) | －0.058 <br> (－0.885) | －0.055 <br> (－0.362) | 0.411** <br> (1.271) |
| 人均工资 | 0.234** <br> (2.169) | －0.060 <br> (－0.683) | －0.077 <br> (－0.875) | 0.368 <br> (0.994) |
| 城市化水平 | －0.161 <br> (－0.651) | 1.024** <br> (1.527) | 0.270 <br> (0.583) | －0.581 <br> (－0.501) |
| 政府投资 | －1.513* <br> (－1.411) | －1.262** <br> (－2.019) | －0.800** <br> (－1.137) | 0.088 <br> (0.205) |
| 人力资本 | －0.130 <br> (－0.740) | －0.080 <br> (－0.313) | －0.047 <br> (－0.166) | 0.572 <br> (0.730) |
| 技术创新 | 2.207* <br> (1.257) | －1.689** <br> (－2.326) | －3.002* <br> (－1.064) | 5.366 <br> (0.515) |
| 第二产业就业 | 0.087 <br> (0.1500) | －0.729 <br> (－0.803) | －2.633* <br> (－1.920) | 0.509 <br> (0.110) |
| 第三产业就业 | 1.125** <br> (1.478) | 1.490 <br> (1.590) | 4.817* <br> (1.779) | －1.075 <br> (－0.498) |
| 年份效应 | 控制 | 控制 | 控制 | 控制 |
| 城市效应 | 控制 | 控制 | 控制 | 控制 |
| _cons | 14.946*** <br> (9.230) | 18.048*** <br> (6.499) | 18.599*** <br> (5.211) | 3.035 <br> (0.352) |
| $N$ | 168 | 203 | 189 | 126 |
| $R^2$ | 0.927 | 0.963 | 0.953 | 0.732 |

注：(1) 括号中为t值；(2) *、**、***分别表示显著水平为10%、5%、1%。

## 6.4.2　稳健性检验

**1. 共同趋势检验**

双向固定效应的本质就是通过设置处置组和控制组通过双重差分检验高铁的一体化效应，这种方法的一个前提条件就是这两组数据必须有共同趋势，也就是说随着经济的发展，时间的变化，数据不发生系统性差异。每一个研究对象没有突然地受外界干扰。在我国高铁的建设中，一般修建在那些经济发展实力强劲、基础设施完善、城市生产生活环境氛围较好的城市，高铁的开通使这些城市发展如虎添翼，经济增长速度还将继续高于那些未开通高铁的城市。那么在基础回归中所划分的处理组和控制组可能会存在系统性差异。解决该问题的方法之一就是以城市行政级别为标准进行共同趋势检验，因为城市行政级别越高，经济发展实力就越强，政府修建高铁的积极性就越高，修建高铁的话语权越大，高铁设站的概率就越高。本节在分城市级别检验的基础上，进行稳健性检验。如果稳健性检验仍具有显著的统计意义，则表明在基础回归中的分组不存在系统性差异，如果稳健性检验不显著，则说明共同趋势产生的系统性差异是由城市行政级别不同造成的（见表 6-8）。

表 6-8　高铁建设对城市经济一体化影响：共同趋势检验

| | 模型 1 | 模型 2 | 模型 3 | 模型 4 |
|---|---|---|---|---|
| 副省级城市 | -0.043<br>(-0.355) | -0.033<br>(-0.271) | | |
| 较大城市 | | | 0.470***<br>(1.347) | 0.247***<br>(1.066) |
| 基础设施 | | -0.014<br>(-0.292) | | -0.014<br>(-0.293) |
| 人均工资 | | 0.053<br>(0.834) | | 0.053<br>(0.831) |
| 城市化水平 | | -0.226<br>(-0.843) | | -0.228<br>(-0.849) |
| 政府投资 | | -0.159<br>(-0.916) | | -0.159<br>(-0.918) |
| 人力资本 | | 0.047<br>(0.367) | | 0.045<br>(0.355) |
| 技术创新 | | -0.492<br>(-0.340) | | -0.497<br>(-0.343) |
| 第二产业就业 | | -0.549**<br>(-1.984) | | -0.549**<br>(-1.986) |
| 第三产业就业 | | 3.539***<br>(4.259) | | 3.544***<br>(4.267) |
| 地区效应 | 控制 | 控制 | 控制 | 控制 |
| 时间效应 | 控制 | 控制 | 控制 | 控制 |
| _cons | 16.157***<br>(747.900) | 15.233***<br>(10.120) | 18.348***<br>(168.522) | 17.350***<br>(10.694) |

续表

|  | 模型 1 | 模型 2 | 模型 3 | 模型 4 |
|---|---|---|---|---|
| $N$ | 1946 | 1946 | 1946 | 1946 |
| $R^2$ | 0.543 | 0.549 | | |

注：(1) 括号中为 t 值；(2) *、**、*** 分别表示显著水平为 10%、5%、1%。

表 6-8 中，发现副省级城市和大城市对区域一体化的影响并不显著，这表明城市行政级别的差异并没有对城市 MP 的不同造成显著性影响。同时证明了双重差分的结果是可靠的。

**2. 安慰剂检验**

为了进一步验证回归结果的可靠性，进一步对结果进行了检验，本文通过改变高铁修建时间进行了安慰剂检验（陈刚，2012；刘甲炎、范子英，2013）。在经济发展过程中，一些其他的政策或偶然因素可能会导致区域经济一体化发展，这种一体化可能与高铁的修建毫无关联，最终可能导致本书前面所做的检验失效。为了排除这类影响，假设各地高铁建设的年份统一提前两年或三年，如果在这种情况下，高铁建设对被解释变量仍显著为正，则说明区域经济一体化的确有可能来自其他政策或偶然性因素，而不是高铁的建设。如果在这种情况下，高铁建设并不显著为正，这说明高铁建设的确促进了区域经济一体化进程。表 6-9 中，第 1 列是假设高铁修建时间提前两年的回归结果，第 2 列表示高铁修建时间提前三年的结果。通过各项系数的值来看，提前两年的系数虽然为正，但是却非常小（0.012 < 0.89），这表明即使有其他的因素会对经济一体化产生影响，其作用也非常微弱，远小于高铁的推动作用。

表 6-9　　　　　高铁促进城市经济一体化：安慰剂检验

|  | 模型 1 | 模型 2 |
|---|---|---|
| 高铁建设 -01 | 0.012<br>(0.582) |  |
| 高铁建设 -02 |  | 0.007<br>(0.283) |
| 基础设施 | -0.132*<br>(-1.878) | -0.033<br>(-0.403) |
| 人均工资 | 0.1278*<br>(1.722) | 0.154*<br>(1.857) |

续表

| | 模型1 | 模型2 |
|---|---|---|
| 城市化水平 | -0.247<br>(-0.741) | -0.343<br>(-0.731) |
| 政府投资 | -0.160<br>(-0.704) | -0.216<br>(-0.877) |
| 人力资本 | 0.205*<br>(1.381) | 0.281*<br>(1.625) |
| 技术水平 | -0.391<br>(-0.247) | -2.384<br>(-0.869) |
| 第二产业就业 | 0.389<br>(0.733) | 1.677**<br>(1.987) |
| 第三产业就业 | 2.078*<br>(1.878) | 2.048*<br>(1.555) |
| _cons | 14.331***<br>(7.713) | 12.376***<br>(5.758) |
| N | 1390 | 1112 |
| $R^2$ | 0.549 | 0.522 |

注：(1) 括号中为t值；(2) *、**、***分别表示显著水平为10%、5%、1%。

### 3. 单差分检验

从理论上讲，在评估某一项政策所产生的影响时，双差分的结果应该比单差分的结果更准确。为了检验双差分的结果，在进行安慰剂检验和共同趋势检验的基础上，还利用单差分对高铁建设的一体化效应进行检验，结果仍显著为正。但这种单差分的结果明显高于双差分所估计的结果，由于我国城市修建高铁的时间并不统一，单差分在回归过程中没有控制时间效应，所估算的系数并没有剔除，随着时间发展，城市本身所产生一体化效应。因此，采用的双差分更有科学依据（见表6-10）。

表6-10　　　　　　高铁建设对城市经济一体化：单差分检验

| | 模型1 | 模型2 | 模型3 | 模型4 |
|---|---|---|---|---|
| 高铁建设 | 1.256***<br>(32.869) | 0.939***<br>(28.608) | | |
| 高铁次数 | | | 0.003***<br>(14.511) | 0.001***<br>(6.720) |
| 基础设施 | | 0.164***<br>(3.865) | | 0.175***<br>(3.428) |

续表

|  | 模型 1 | 模型 2 | 模型 3 | 模型 4 |
|---|---|---|---|---|
| 人均工资 |  | 0.627 *** <br> (22.597) |  | 0.750 *** <br> (22.436) |
| 城市化水平 |  | 0.497 ** <br> (2.044) |  | 0.037 <br> (0.126) |
| 政府投资 |  | 0.475 *** <br> (3.061) |  | 0.368 ** <br> (1.971) |
| 人力资本 |  | -0.306 *** <br> (-2.669) |  | -0.219 <br> (-1.584) |
| 技术创新 |  | 3.070 ** <br> (2.352) |  | 2.420 <br> (1.537) |
| 第二产业就业 |  | -0.465 * <br> (-1.863) |  | 0.114 <br> (0.378) |
| 第三产业就业 |  | 3.717 *** <br> (4.998) |  | 6.305 *** <br> (7.057) |
| 时间效应 | 否 | 否 | 否 | 否 |
| _cons | 16.230 *** <br> (1288.470) | 11.051 *** <br> (8.937) | 16.464 *** <br> (1455.441) | 9.015 *** <br> (6.036) |
| N | 1946 | 1946 | 1946 | 1946 |
| $R^2$ | 0.393 | 0.624 | 0.112 | 0.453 |

注：(1) 括号中为 t 值；(2) *、**、*** 分别表示显著水平为 10%、5%、1%。

## 6.5 高铁对城市经济一体化影响模式

高铁的建设极大地改变了区域间的联系，进一步压缩了时空距离，并与其他交通方式和信息网络形成叠加效应，区域的通勤出行范围、出行模式也出现改变，基于个人就业、居住和公共服务等日常通勤行为活动和空间格局也发生了新的变化。各城市间人流、物流和信息流的增加，产业和就业及居住开始发生跨区域的组合与重构，出现城际通勤候鸟族、企业跨城市发展联盟等现象。

### 6.5.1 城市交通与城市发展

高铁的开通对城市带来大量客流，加快城市间的生产要素和信息流的流通和交换，高速铁路的廊道效应产生的吸引力，使各种资源首先在节点城市周围集聚，并产生了与周边区域的势能差。此时高铁对区域经济发展所带来的影响主要以极化效应为主,周边区域各种资源由于城市可达性的提高而流向生产、生活环境更好的中心城市。在这种势能差的作用下,区域内部的生产要素在城市间的分布开始出现两极分化,部分土地消耗大、劳动密集型的产业逐渐迁出城市中心地区,核心城市的产业结构和空间结构开始发生调整,同时高铁沿线的中小城市开始承接大城市的产业和部分城市功能,并利用自身临近效应和交通优势,加快发展与大城市相关的互补型产业。随着交通基础设施的不断完善,各种交通方式之间尤其是高铁与其他交通运输设施之间逐渐形成网络化的发展格局,城市内部各功能区及区域内大中小城市之间联系日益紧密,城市发展呈现"点—轴—带"的发展特征,区域交通网络的一体化支撑着区域经济向一体化发展,相邻的都市区之间的边界消失,在功能和结构上实现重组,沿着高通达性廊道上的都市区形成连绵的都市带(见表6-11)。

表6-11　　　　　　　　　　高铁与城市发展模式

| 引导方式 | 作用 | 特点 |
| --- | --- | --- |
| 走廊引导 | 增强沿线城市可达性与各城市空间经济联系,促进沿线城市要素流动、产业分工协作,加快城市化进程、密切城市群之间的联系重塑城市体系,打造了以城市间大容量轨道交通运输为轴线的产业带,优化了城市间资源配置 | 加大高铁走廊两侧用地开发力度,吸引优质企业在两侧布局。充分利用高通达性的高铁走廊及沿线城市节点引导生产要素在空间集聚,城市形成多中心空间结构发展模式 |
| 枢纽引导 | 作为现代化综合交通枢纽,高铁站周边形成了各种公共交通的汇集区,形成城市内部一个高通达性的节点,对城市土地规划和产业功能布局,对形成新的城市增长极具有积极影响 | 该类型的高铁站与城市未来发展规划紧密结合,城市发展充分利用高铁站产生的极化效应,优化城市内部公共交通,实现城市内部土地高密度开发 |
| 网络引导 | 促使城市间以交通枢纽为节点,以高通达性的高铁线为轴线的廊道、网络化城市空间格局的形成,有利于形成同城化效应和大都市圈效应,同时还有利于引导大都市过度集中的产业、人口及服务功能向外疏解 | 有利于构建以高铁线为主的交通运输体系网络化格局,引导城市生产要素和城市功能在更大范围内重新配置。优化城镇体系,使整个空间结构呈现网络化态势,区域内大中小城市有机结合,形成合力分工,促使均衡化 |

资料来源:骆玲、刘裕、曹洪. 高速铁路与城市发展 [M]. 西南交通大学出版社,2015.

### 6.5.2 职住分离的同城化

同城化效应是指随着城市间交通便利化和时空的高度压缩,城市之间的边界日益模糊，城市之间的基础设施和城市社会公共服务越来越实现共享，城市之间的人流、物流及商物流逐渐突破传统的行政边界，在更广的城市群内部重新组合。高铁的开通引起的时空压缩，推动了城市群内部的产业、就业及人口重新组合，首先表现在职住分离方面。例如京津城际高铁开通，每周单向大约运送4万人次，而在高铁开通前，京津之间普通铁路每周运输的人次大约在1.5万人次。高铁开通后，以其高速度和公交式的供给模式，成为城市京津两城市相互联系的主要交通方式。越来越多的人接受每周通勤一次或每日往返两城之间的生活—工作模式，这些人大多数工作在北京，把家安置在天津，周一到周五工作期间居住于单位或在北京租房，周五晚下班回家一次，这种模式较为符合北京的工作薪酬较高，而天津房价较低的现实情况。这种职住分离加上公交式的高铁，有效促进了京津之间一体化，加快城市间合理的产业分工，提高城市居民的生活质量。从国外高铁开通的经验中也可以明显看出，高铁的同城化效应。如法国开通的从巴黎到里昂的高铁，对两个城市间的商务活动和旅游具有经济影响。之前设在巴黎城市内部的一些大公司或企业总部开始到里昂设立分公司或部分产业链向里昂搬迁，管理人员与里昂分公司的人员可以当天往返，同时长期在里昂驻扎的一些小公司利用高铁实现了同城效应，围绕巴黎公司总部提供专业化的配套服务，里昂的商务活动也逐步延伸至巴黎。

### 6.5.3 多样化的产业分工

高铁的开通增加了企业的区位选择范围，促使城市在更大范围内实现产业布局，即城市产业错位发展，有利于打破产业发展路径依赖和以行政分割导向的利益垄断，通过企业在城市间的分工与合作，促进不同城市间的产业合理化发展，共享城市各种服务资源，推动实现多样化的产业分工与合作。首先，原先布局在城市核心区的企业，随着城市人口规模的增加，城市土地、资本和劳动力等生产要素成本的升高，可以将企业的总部、研发环节继续留在核心城市，将企业的物流、生产、仓储等环节向周边生产要素价格低的次中心城市转移或外包，充分利用区域内相对低廉的土地和劳动力等成本优势。其次，原先布局在次中心城市的企业，在高铁开通后，可以把其部门总部功能迁移到中心城市，充分利用中心城市的技术、人力资本、信息与市场优势，实现企业的规模扩张和范围经济。以沪宁高铁为例，随着上海生产和商务成本的上升，部分企业开始将其生产基地向成本相对较低的苏州、浙江城市郊区迁移，而周边的企业则出现将其部分总部向上海转移的趋势。南京发挥南京都市圈核心城市功能，增强高端要素的集聚和综合服务功能提升；上海以建设4个中心为依托，进一步强化国际商贸、金融等核心城市作用，壮大培育总部经济、国际金融及高端服务等环节；先进制造业及服务业，发挥苏锡常对上海功能扩散及参与国际分工的职能，协同推进产业升级和集约发展，形成相互衔接的产业一体化体系。

## 6.5.4 实现高素质人力资源的协作、共享

高铁的开通，使许多城市提出了"人才不为我有，但为其所用"的共享理念。核心城市集聚资源能力的强化，使经济圈内部城市也因溢出效应而获得经济效益。网络化的高铁线，加快城市间合作与分工，有利于网络化的空间结构形成，促使大城市的高素质人才选择到生活成本低、环境优美的中小城市创业，优化人力资源配置和协作、共享。从京津冀发展来看，北京一直是经济技术和创新管理人才聚集的高地，北京对周边地区乃至全国的高素质人才一直存在巨大的"虹吸效应"。以廊坊为例，京石高铁开通后，廊坊充分发挥其区位优势并结合自身产业发展特点，吸引了很多受到北京房价、北京落户限制的人才到廊坊创业、就业。2013京津冀（廊坊）协同创新创业基地正式成立，在其发展过程中，逐渐形成了以研发中试、创客空间、新材料、节能环保及装备制造业为代表的高端产业集聚区，共吸引北京创新创业项目28个，研究生及以上高端人才150多名，为廊坊的创新创业发展，加快产业结构转型提供了十足的动力。借助高铁的开通，往返城市之间的高学历、高级职务和高消费能力的人群带动了知识、技术、信息等更多资源在城市之间的共享与协作。尤其是校际合作之间所形成的学术合作，随着时间的推移，校际合作规模、合作强度日益增强。数据显示，南京高校与扬州、镇江地区高校合作的数量占这些城市与都市圈内部高校合作总量的83.9%和57.5%，宁镇扬的高校合作明显高于都市圈内部其他城市。

## 6.6 结论与启示

高铁的开通可以提升沿线各城市或都市圈的可达性。一方面，高铁可以加快沿线任意两个城市之间的联系，尤其是为两个距离较远的城市提供了直接的联系。另一方面，随着高铁线路的不断完善，网络化的高铁线将更多的城市或城市的 CBD 连接在一起，城市形成一小时经济圈，高铁创造一种可达性更高的城市群。高铁的开通为沿线城市带来可达性的提高，在空间上形成了一种廊道效应，这种效应直接提高了人与人之间的面对面交流的机会，扩大了区域的劳动力市场，企业同时可以在更大的范围内寻找更多的劳动力。作为高速、便捷、大容量的交通主干道，高铁的开通压缩了沿线各城市间的时空距离，增强了沿线大中城市的辐射力和影响力，城市之间以行政划分为发展路径开始打破，对促进沿线城市人口和生产要素的快速流动，加速形成以高铁为轴线的产业带具有正向作用。高铁作为新的经济发展动力，必将推动因时空距离改变的新的城市空间格局形成。

本章利用全国 278 个城市数据及高铁建设与开通数据，采用双重差分法对高铁建设的一体化效应进行研究，结果表明高铁对其沿线城市间的一体化水平具有积极的正向效应，在控制产业结构、创新水平、城市化水平等变量后，该效应仍明显为正，平均效应达 0.8913。为克服内生性问题带来的选择性偏误，本书还搜集了城市历史交通变量作为工具变量进行检验，结果仍是可靠的。除此之外，从东中西三大区域及不同区域的城市群分别进行回归，结果显示高铁建设的一体化效应还存在明显的梯度差异。在基础回归之上，还进行了安慰剂检验、共同趋势检验及单差分检验。各种结果都显示高铁对促进区域经济和一体化具有积极影响。随着高铁网络化形态的不断完善，将对各自为政的城市治理和发展模式提出重要挑战，高铁建设带来的新机遇，迫使城市在未来发展中应积极转变发展思路，调整发展战略，以面对新的挑战。

第一，从"行政区"治理向"跨行政区"治理模式的转变。高铁的开通带来城市间生产要素的再配置，将带动区域内部市场体系结构的改变及推动跨行政区治理模式的形成。在开通高铁之前，受地理因素的制约，各城市之间存在巨大而现实的时空距离，企业和居民之间合作受到很大的制约，各城市的经济社会治理也仅局限于各自行政区划边界范围内部。很显然，这种行政区治理模式很难适应高铁开通后所带来的区域一体化和同城化的需求。在高铁时代，我国大城市尤其是终点站或始发站率先进入了城市转型发展和城市治理的新阶段，理应率先在现代化城市治理方面起到模范示范作用，改变各自为政的治理模式，走向一体化的"跨行政区"治理模式，形成以大城市为主体的城市治理新框架体系。具体实践主要是加快政府职能转变，进一步弱化政府的行政区划治理理念，积极构建跨行政区的治理模式；通过改革，创新政府之间合作和联系的渠道，加快顶层设计，在更高层面成立解决跨界治理矛盾的区域性联合型政府或市长联席会，减少区域内耗，放大高铁带来的区域合作的综合效应。

第二，从"政策孤岛"向"政策协同"转变。随着城市之间的联系日益紧密，城市应打破之前制定政策仅考虑自身利益最大化的情况，更多地应以自身为主，加强与邻近城市政策的协同。高铁的开通，为大中小城市、各城市群、都市圈之间的全方位合作带来了历史性机遇，彼此间相互依赖现象日益凸显。任何一个城市的政策制定与实施，不仅影响当地政府、企业、居民等多方面的利益，同时与周边城市各利益主体紧密相连。因此可以研判，未来城市的政策制定应从传统的"政策孤岛"向相互融合、开放的政策"协同"转变。具体而言就是根据城市自身发展特点有条件放开限制劳动力自由流动的藩篱，打破行政垄断，逐渐剥离大城市户口与其背后的各种享受优质公共服务的福利待遇；构建公平平等的社会保障制度，为吸引人才落户提供制度保障；构建区域性的教育、医疗、住房等公共政策体系，尽可能减少由政策红利带来的人口过度化集中。

第三，空间结构从"单中心"向"多中心"转变。这里所说的单中心是指在城市群内部，城市体系中出现明显的首位度城市，大城市在城市结构中一枝独秀。同时针对单个特大城市而言，城市发展更多的是呈现出摊大饼式的发展态势，城市郊区及周边小城市建设相对滞后。这种单中心城市体系的发展模式不利于城市和区域资源合理配置。高铁的开通加快了沿线城市之间的联系，尤其在我国，高铁的终点站和始发站都是大城市或特大城市，高铁形成的外部溢出效应促使其周边的小城市功能不断完善，产业结构日趋合理，形成与大城市功能互补的城镇体系，进而发展为大城市的副中心城市或通勤城市，进一步扩大了城市腹地范围，有利于邻近次中心城市的崛起。高铁的开通是城市群内部城市功能重新布局和实现产业高端化、合理化的绝佳机会。城市群内部核心城市，如北京、上海、深圳、广州等应加大力度发展产业链高端环节，提高自身的研发能力和创新能力，逐步向周边城市转移产业链下游的环节。将核心城市打造成为区域中的创新中心、管理中心和研发中心，周边中小城市应利用自己的比较优势，如地租优势、劳动力成本低优势等，积极主动参与分工与合作，承接核心城市的产业转移。

## 6.7 小结

作为高速、便捷、大容量的交通主干道，高铁的开通压缩了沿线各城市间的时空距离，增强了沿线大中城市的辐射力和影响力，城市之间以行政划分为发展路径开始打破，对促进沿线城市人口和生产要素的快速流动，加速形成以高铁为轴线的产业带具有正向作用。高铁作为新的经济发展动力，必将推动因时空距离改变的新的城市空间格局形成。本章利用全国 278 个城市数据及高铁建设与开通数据，利用双重差分法对高铁建设的一体化效应进行研究，结果表明高铁对其沿线城市间的一体化水平具有积极的正向效应，在控制产业结构、创新水平、城市化水平等变量后，该效应仍明显为正。为克服内生性问题带来的选择性偏误，搜集了城市历史交通变量作为工具变量进行检验，结果是可靠的。除此之外，从东中西三大区域及不同区域的城市群分别进行回归，结果显示高铁建设的一体化效应还存在明显的梯度差异。在基础回归之上，进行了安慰剂检验、共同趋势检验及单差分检验。各种结果都显示高铁对促进区域经济和一体化具有积极影响。本章还通过高铁对经济一体化的实际案例进行总结和分析，从高铁职住同城化、生产布局同城化及生产要素、资源共享方面分别阐释了高铁的一体化模式。针对高铁发展带来的影响，未来城市发展应主动调整其发展战略，改变各自为政的治理模式，走向区域城市一体化的"跨行政区"治理模式，重新塑造区域城市治理新框架体系;城市的政策应从传统的"政策孤岛"向相互融合、开放的政策"协同"转变;核心城市打造成区域创新中心、管理中心和研发中心,周边城市应利用自己的比较优势,如地租优势、劳动力成本低优势等,积极主动参与分工与合作,承接核心城市的产业转移。

# 第 7 章  结论与展望

随着高铁网络的逐步完善，高铁对城市经济发展的效应已经初步显现，其中对城市空间及经济一体化的影响最为典型，这引起了区域经济学和城市经济学领域众多学者的关注。作为快速、大容量的交通主干道，高铁的开通串联起沿线城市，提升了他们的通达性，对大城市而言进一步提升了他们的辐射半径，城市间的边界日益模糊，对加速城市间人口流动和企业的重新布局，形成新的产业发展带均具有积极作用，成为新时期实现区域协调发展的新变量。从国内已有研究来看，主要从定性上来分析高铁的经济影响，利用可达性指标来分析高铁对城市空间格局的影响。缺乏从微观层面，研究高铁站对城市经济的影响；此外，还缺乏对区域经济一体化的实证分析。为此，本书针对上述问题进行了实证回答，并努力完善当前研究的不足。在本章，首先梳理前面各章节研究后得到的结论，并指出高铁背景下，我国城市发展的方向。

## 7.1 结论

高铁的开通提高了沿线地区的可达性，加快了生产要素的流动，对区域经济一体化、城市多中心空间格局影响最为显著。本书正是从这三个方面来分析高铁的开通对城市发展的影响，并分别对其进行了实证检验。主体有以下几部分组成：第一部分为第 1 章、第 2 章，分析了国内外高铁发展现状；第二部分为第 3 章至第 6 章，分析了国内外高铁对区域、城市的经济效应及高铁站点对城市发展的影响；第 4 章从微观层面分析了高铁站对城市多中心空间格局的影响；第 6 章分析了高铁对区域经济一体化的影响。第三部分也就是本书的结论及展望，对高铁背景下城市未来发展的前景进行分析。主要得到以下结论：

第一，高铁的建设不仅促进了地区经济的发展，同时还推动区域经济结构调整和区域间的协调发展，是我国发展总体战略的重要环节。高铁的开通直接提高了沿线城市的可达性，使区域外的生产要素更方便进入本地，同时也有利于本地生产要素突破乡土，直接与全国乃至全世界其他区域的资源和要素进行交流，扩大了本地市场范围。高速铁路极大改变了居民生活方式，有利于我国城市化和农村剩余劳动力转移，推动沿线地区城市化，促进民族地区之间的融合，更好地实现贫困地区走出贫困，对社会稳定和建成小康社会具有重要意义。

第二，从区域层面上来看，高铁的开通对区域空间结构和区域经济一体化，对实现区域平衡发展起到重要作用。高铁线更倾向增加沿线城市的商业、知识和劳动力的溢出效应，提高区域一体化程度。同时，高铁也会增加沿线大城市的吸引力，产生虹吸效应，抑制邻近中小城市的发展。

从城市层面来看。高铁对城市体系的重构和城市经济结构的转型起到重要作用（从单中心向多中心转变，从制造业为基础的城市向以高科技、服务型城市转变）。对我国城市来讲，高铁的发展必须结合各区域的经济发展条件和城市综合交通体系的建设情况，处理好高铁对城市居民生活和城市长期发展之间的关系，避免出现"高铁大战"的现象，造成资源的浪费。

从高铁站层面来讲。高铁站成为城市多中心发展的重要组成部分，高铁站的发展带动了周边房价和土地价值的增值，对城市的发展具有一定的导向性。高铁站区的发展不仅依赖于政府高质量的规划，同时还依赖于高铁站与城市各方面的衔接，包括城市交通、城市文化、中心城区功能的互补等。

第三，高铁站作为国家和地方政府的重大投资项目，提升了区域和城市层面的可达性，对城市发展具有重要影响。但具体的带动效应需针对不同城市进行具体分析。总体而言，站点的位置与城市中心的距离与高铁站发挥作用的大小存在一定的关系。高铁站在修建过程中，应充分考虑运行速度和建设成本，但还应充分结合城市的发展规划与居民出行的便利程度，否则高铁的修建不能实现其周边地区的有效开发。高铁具体路线走向及高铁站的布局是由铁路总公司自上而下推动建设的，地方政府在博弈过程中处于弱势。而铁路总公司在考虑高铁站选址中，更多地是从成本节约、经济效益方面出发，通常选择在经济实力较强、地方政府投资较多的城市，未能考虑城市本身发展的需要，因此可能会出现高铁站的布局与城市经济发展方向不一致的情况。未来，需要进行更加周密的设计，避免出现城市之间爆发高铁争夺战，造成资源浪费。高铁站点的修建应与城市经济发展的重心方向相结合。从国外高铁站发展经验来看，高铁的发展很大程度上是城市经济发展新中心出现的地方。因此，城市规划要结合目前城市发展阶段，把高铁站点的规划与城市总体规划相结合，高铁带来的人流、技术和旅游，将为城市经济焕发增加新的动力。

为了从进一步证实高铁对城市空间的影响，本书选取了国内外高铁站规划的案例进行分析。国内高铁站主要修建在城市的边缘或郊区。在定位方面大都为城市的综合交通枢纽，在站区周边规划商业、金融、住宅、休闲娱乐等功能。从我国高铁新城发展阶段来看，基本与城市总体发展阶段特点相符合。日本新横滨高铁站是远离主城区发展成为城市副中心的典型案例，首先依托高铁站进行基础设施的建设，如轨道交通、高速公路、市内公共交通及配套的城市服务设施；其次依托各种基础设施，深度挖掘自身的特色，结合市中心的相关产业，发展与其互补型的产业，吸引有条件的企业入驻；最后，人气不断集聚，城市中生活设施、娱乐设施、生产服务性产业逐步完善，城市功能日益齐全。发展后期发展的中心集中在城市品质的打造，改善城市环境，提升生活服务档次，实现职住平衡。中国台湾高铁连接了台湾主要大中城市，城市经济发展实力较强，区位优势明显，主要修建在城市的边缘地区，距离市中心约 5~10 公里。围绕高铁站点形成产业园、科教城、生态公园或城市交通枢纽布局模式；站区规划一般在 300~500 公顷，是城市多中心增长的重要组成部分，依托地方的产业优势和自身的区位条件，各站点均发展具有特色的产业。同时高铁站与城市主城区有着良好的协同关系，在主城的带动下，依托主城产业基础和优势发展。高铁站点作为主城区对外开放的触媒，在交通系统方面与主城区无缝对接，密集的城市内部交通网和高铁支线，形成网络化的运输体系。

第五，高铁的开通为沿线城市带来可达性的提高，在空间上形成了一种廊道效应，这种效应直接提高了人与人之间的面对面交流的机会，扩大了区域的劳动力市场，企业同时可以在更大的范围内寻找更多的劳动力。作为高速、便捷、大容量的交通主干道，高铁的开通压缩了沿线各城市间的时空距离，增强了沿线大中城市的辐射力和影响力，城市之间以行政划分为发展路径开始打破，对促进沿线城市人口和生产要素的快速流动，加速形成以高铁为轴线的产业带具有正向作用。高铁作为新的经济发展动力，必将推动因时空距离改变的新的城市空间格局形成。随着高铁网络化形态的不断完善，高铁建设带来的新机遇将对各自为政的城市治理和发展模式提出重要挑战。利用双重差分法检验高铁建设的一体化效应，结果表明高铁对其沿线城市间的一体化水平具有积极的正向效应，在控制产业结构、创新水平、城市化水平等变量后，该效应仍明显为正，平均效应达 0.8913。从东中西三大区域及不同区域的城市群分别进行回归，结果显示高铁建设的一体化效应还存在明显的梯度差异。

在高铁时代，我国大城市尤其是终点站或始发站率先进入了城市发展的新阶段，理应率先在城市治理方面起到模范带头作用，改变各自为政的治理模式，走向区域城市一体化的"跨行政区"治理模式，重新塑造区域城市治理新框架体系。具体而言就是加快政府职能转变，弱化政府的行政区划治理理念，为构建跨行政区的治理模式提供制度保障；创新政府之间联系和沟通渠道，成立有利于解决跨界矛盾的区域性政府或联席会，减少区域内耗，放大高铁带来的区域合作的综合效应。高铁的运行为城市产业转型和专业化发展带来机遇，城市间功能互补的关系将得到进一步增强。因此可以研判,高铁时代,各城市之间将结成紧密的网络,未来城市在制定政策的过程中,还应充分考虑与其他城市的政策协同。高铁的开通加快了沿线城市之间的联系,尤其在我国,高铁的终点站和始发站都是大城市或特大城市,城市外部溢出效应促使其周边的城市不断发展成为重要的副中心城市,大大延伸了城市腹地范围,有利于次中心城市的崛起。高铁的开通是城市群内部城市功能再造和产业转型的绝佳机会,城市群内部的核心城市应加大力度发展产业链高端环节,提高自身的研发能力和创新能力,逐步向周边城市转移产业链下游的环节。将核心城市打造成创新中心、管理中心和研发中心,周边城市应利用自己的比较优势,如地租优势、劳动力成本低优势等,积极主动参与分工与合作,承接核心城市的产业转移。

## 7.2 展望

随着高铁的开通运营,为城市带来的大量的人流、物流和信息流。高铁线的修建,提高了城市的可达性,加速了城市经济一体化进程,高铁站的修建,提高了周边的土地开发强度,加快了城市多中心的形成。高铁作为跨城市间的交通主干道,使城市间的地理界限变得日益模糊,城市间的协作日益增强。在高铁时代背景下,未来我国城市发展的方向:

第一,城市发展应保持自身的文化特色。城市文化是城市重要的竞争力,高铁的开通加快了城市间人口流动,城市间的界限日益模糊,大城市的集聚优势将进一步凸显,为了追求更大的经济效益,中小城市会追求大城市的规模经济,逐渐与大城市形成一体化的发展态势。随着人文、经济、地理界线的逐步融合,小城市逐渐失去其应有的特色。我国很多城市开始围绕高铁站打造城市的新门户,高铁站不仅是城市空间的一部分,还应彰显城市的人文风貌和历史文化底蕴,传播城市文化的综合空间。而城市现代化的建设,使城市逐渐失去了个性化和城市本有的特色,高铁站周边形成了以房地产开发为主的布局模式,除了居住功能的房地产外,更多的是酒店、餐饮等产业新业态,站前广场"千篇一律"。

高铁线不同于传统的铁路线对城市的影响,高铁带来的更多的是高素质人才和产业链高端的业态,各城市应深挖自身的文化底蕴,打造历史意义的文化环境,吸引人才落户当地。高铁站前广场作为旅客的第一站,必须注重生态环境的打造,将枢纽、广场、街道、环境作为组织要素,注重对地域文化要素的融入,充分结合城市自然条件,因地制宜,注重与城市景观特色的融合,通过对城市原有景观要素的整合,构筑展现城市特色,地方美景的高铁轴线空间。高铁站点作为城市综合性交通枢纽,代表着城市的形象,在建设过程中应充分展示城市的历史文化,建设能够体现城市历史文化的景观雕塑、能够传达地域风格的建筑外形和色彩,使高铁站成为城市发展的一张靓丽名片。

第二,超级城市圈的形成。超级城市圈的形成需要有以超大城市为依托的城市群为载体,需要快速、大容量的交通设施为纽带,同时还需要在交通走廊布局大量的中小城市以支撑大城市的发展。目前我国正在建设的"八纵八横"高铁网络,未来从北京到全国中东部各省会城市只需 8 小时左右,将连接我国主要最发达的城市群区域,高铁作为一种新生力量,正在重塑中心城市和辐射城市之间的关系,尤其是对大城市周边的中小城市影响最大,极大地改变我国的国土空间开发结构。京沪高铁连接京津冀、长三角城市群,局部城市会呈现显著的"强强联合"与"弱弱竞争"的发展态势,作为区域性中心城市的上海、北京,将通过密集的高铁网络建成更大范围内的通勤圈,以上海为中心,苏州、常州、无锡、镇江、南京一小时经济圈,以北京为核心的唐山、石家庄、保定、沧州一小时经济圈。对高铁沿线的小城市来讲,企业总部及商业将会受到加大的负面虹吸作用,许多公司的总部有可能搬往北京、上海或省会城市。未来京津冀城市群与长三角城市群将率先发展成为我国超级都市圈。我国西部省份后发优势明显,区域内大城市辐射力较强,同时具有明显的民族特色,高铁的建设将加快西部地区的资源优势向经济优势转变,兰新高铁及成渝高铁的开通将形成以西安、昆明、重庆、成都、兰州、乌鲁木齐为核心的西部高铁网络,将进一步拉近与东中部城市之间的时空距离,密切东中西之间的联系,加速优秀人才入驻,成为西部地区栽种招引凤凰的梧桐树的巨手。

第三,"一带一路"倡议,作为我国新时期实施全方位对外开放的重大举措,是推动国际合作实现互利共赢的重要平台。而基础设施建设在"一带一路"的建设中发挥着先导作用。高铁的修通使曾经的边陲之地,拉近了我国西部地区城市与全中国的物理距离和心理距离。厦深客运专线的开通，使两地之间的时间缩短为 4 小时，使我国沿海经济最为活跃的长江三角洲、珠江三角洲实现连接，令分布在这些地区的城市形成可与美国东北部海岸、日本濑户内海带相媲美的世界级城市带。沪昆高铁的开通，把我国西南地区与东中部连接在一起，昆明凭借与东南亚各国相连的地缘优势，依托高铁新城的建设，在"一带一路"发展的机遇下，将成为我国高铁走向越南、老挝等国家的重要枢纽城市，同时也将进一步强化昆明面向西南对外开放的中心作用，提升城市综合竞争力。兰新高铁的开通，进一步拉近了新疆与内地省份之间的联系，西安到成都高铁进一步强化了成都、西安作为西部中心城市的地位，西安、兰州、乌鲁木齐作为"陆上丝绸之路经济带"的重要节点城市，高铁的开通实现了新疆等西部城市与内地快速人员交往，加快西部地区资源优势向经济优势转化，形成了我国向西开放的合力。"一带一路"倡议在我国高铁快速建设的背景下，将充分发挥其对沿线国家或地区的资源整合作用，提升我国西部地区城市对外开放竞争力，实现全国全方位的对外开放格局。可以想象，未来 10~15 年，借助"一带一路"发展机遇，我国中西部地区高铁建设将进入"快车道"，引发不同文明间的碰撞、多民族的融合及经济合作、文化和情感交流将催生新的增长点，高铁将开启我国开放型经济和区域经济版图的新变化，深刻影响我国城市经济转型、产业升级和经济社会结构变迁。

第四，进一步优化城市交通体系。高铁网络的不断完善，将重新整合公路、民航和港口运输之间各自的客运市场。根据一些国家或地区的高速铁路运营经验表明，高铁最优竞争力的时间是 3 小时。民航与高铁经过中长途运输市场的竞争，高铁对中长途航空运输将起到替代性作用。航空可能会流失大量的短途，如武汉到南京、武汉到广州、北京到太原等短途乘客，航空未来更多发展的是国际航空运输。城市综合交通客运枢纽将依托高铁运营发展加大辐射和集散通达度，未来高铁、城际铁路与城市地铁及公交系统、机场、公路将实现无缝衔接，零距离换乘其他交通方式。高铁站的建设不仅注重各种交通运输方式的衔接，同时还应注重不同交通方式之间的调度、管理和组织之间的衔接，更加注重不同运输方式之间换乘一体化设计。随着居民生活水平的提高和交流频率的提升，火车站候车的功能将逐渐消失，高铁站仅作为乘客换乘的流转通道，交通运输体系的运行效率将得到大幅度提升。

# 参 考 文 献

1. Ahlfeldt, G. M. , & Feddersen, A. , From Periphery to Core: Economic Adjustments to High Speed Rail. http: //eprints. lse. ac. uk/29430/, 2010.

2. Allen, B. , Value Capture in Transit. *Journal of the Transportation Research Forum*, 1987, 28 (1): 50 -57.

3. Alonso, W. , *Location and Land Use: Towards a General Theory of Land Rent*. Cambridge, MA: Harvard University Press, 1964.

4. America 2050 High-speed Rail Corridor for the Appalachian Region. *Journal of Transport Geography*, 2014 (37): 28 -46.

5. Arellano, M. & Bond, S. , Some Tests of Specification for Panel Data: Monte Carlo Evidence and an Application to Employment Equations. *Review of Economic Studies*, 1991, 58 (2): 277 -297.

6. Baugh K, Hsu F C, Elvidge C D, et al. Nighttime Lights Compositing Using the VIIRS Day-Night Band: Preliminary Results [J]. Proceedings of the Asia-Pacific Advanced Network, 2013 (35): 70 -86.

7. BaumSnow, N. , Brandt, L. , Henderson, V. J. , & Zhang, Q. , Roads, Railroads and Decentralization of Chinese Cities. International Governmental Council Working Paper, No. 11013, 2012.

8. Blum U, Haynes K E, Karlsson C. , Introduction to the special issue The re-

gional and urban effects of high-speed trains [J]. *Annals of Regional Science*, 2000, 31 (1): 1 – 20.

9. Blundell, R. & Bond, S., Initial Conditions and Moment Restrictions in Dynamic Panel Data Models. *Journal of Econometrics*, 1998, 87 (1): 115 – 143.

10. Bullock R, Salzberg A, Jin Y., High-Speed Rail-The First Three Years: Taking the Pulse of China's Emerging Program [J]. Financing, 2012.

11. Campos J, Rus G D., Some stylized facts about high-speed rail: A review of HSR experiences around the world [J]. Transport Policy, 2009, 16 (1): 19 – 28.

12. Cao, J., Liu, X. C., Wang, Y. & Li, Q., Accessibility Impacts of China's High-speed Rail Network. *Journal of Transport Geography*, 2013 (28): 12 – 21.

13. Chen C L, Hall P. The Wider Spatial-economic Impacts of High-speed Trains: A Comparative Case Study of Manchester and Lille Sub-regions [J]. *Journal of Transport Geography*, 2012, 24 (4): 89 – 110.

14. Chen, C. L, Reshaping Chinese Space-economy through High-speed Trains: Opportunities and Challenges. *Journal of Transport Geography*, 2012, 22 (2): 312 – 316.

15. Croft T A., Nighttime Images of the Earth from Space [J]. Scientific American, 1978, 239 (1): 86 – 98.

16. David, H., Zheng, L., & Corinne, M., The Impact of High Speed Rail on Land and Property Values: A Review of Market Monitoring Evidence from Eight Countries. *Road & Transport Research*, 2012, 21 (4): 3 – 14.

17. Domanski R., Accessibility, Efficiency, and Spatial Organization [J]. Environment & Planning A, 1979, 11 (10): 1189 – 1206.

18. Duranton, G. & Turner, M. A., Urban Growth and Transportation. *Review of Economic Studies*, 2008, 79 (4): 1407 – 1440.

19. Elvidge C D, Baugh K E, Dietz J B, et al. Radiance Calibration of DMSP-OLS Low-Light Imaging Data of Human Settlements [J]. Remote Sensing of Environ-

ment, 1999, 68 (1): 77 – 88.

20. Faber B., Trade Integration, Market Size, and Industrialization: Evidence from China's National Trunk Highway System. *Cep Discussion Papers*, 2013, 81 (3): 1046 – 1070.

21. Fan, M. Y., Do Food Stamps Contribute to Obesity in Low-income Women? Evidence from the National Longitudinal Survey of Youth 1979. *American Journal of Agricultural Economics*, 2010, 79 (4): 1165 – 1180.

22. Feddersen A, Ahlfeldt G., From Periphery to Core: Economic Adjustments to High Speed Rail [C] // ERSA conference papers. European Regional Science Association, 2011.

23. Garreau J., Edge city: Life on the new frontier, New York: Doubleday, 1991.

24. Givoni M., Development and Impact of the Modern High-speed Train: A Review [J]. Transport Reviews, 2006, 26 (5): 593 – 611.

25. Givoni, M. & Banister, D., Speed: The Less Important Element of the High-Speed Train. *Journal of Transport Geography*, 2012, 22 (2): 306 – 307.

26. Givoni, M. & Rietveld, P., The Access Journey to the Railway Station and Its Role in Passengers Satisfaction with Rail Travel. *Transport Policy*, 2007, 14 (5): 357 – 365.

27. Hall, P., Magic Carpets and Seamless Webs: Opportunities and Constraints for High-Speed Trains in Europe. *Built Environment*, 2009, 35 (1): 59 – 69.

28. Haynes K E., Labor Markets and Regional Transportation, Improvements: The Case of High-speed Trains An Introduction and Review [J]. Annals of Regional Science, 1997, 31 (1): 57 – 76.

29. Henderson J V, Storeygard A, Weil D., Measuring Economic Growth from Outer Space [C] // National Bureau of Economic Research, Inc, 2009: 994 – 1028.

30. Hensher D A., A Practical Approach to Identifying the Market Potential for

High Speed Rail: A Case Study in the Sydney-Canberra Corridor [J]. Transportation Research Part A Policy & Practice, 1997, 31 (6): 431 – 446.

31. Jin M, Cervero R., California High-Speed Rail and Economic Development: Station-Area Market Profiles and Public Policy Responses [J]. Symposium, 2010.

32. John Preston, Graham Wall., The Ex-ante and Ex-post Economic and Social Impacts of the Introduction of High-speed Trains in South East England [J]. Planning Practice & Research, 2008, 23 (3): 403 – 422.

33. Kim, J. & Zhang, M., Determining Transit's Impact on Seoul Commercial Land Values: An Application of Spatial Econometrics, *International Real Estate Review*, 2005, 8 (1): 1 – 26.

34. Kim, K. S., High-speed Rail Developments and Spatial Restructuring: A Case Study of the Capital Region in South Korea. *Cities*, 2000, 17 (4): 251 – 262.

35. Knaap G J, Ding C R, Hopkins L D., Do Plans Matter?: The Effects of Light Rail Plans on Land Values in Station Areas [J]. Journal of Planning Education & Research, 2001, 21 (1): 32 – 39.

36. Kobayashi K, Okumura M., The Growth of City Systems with High-speed Railway Systems [J]. Annals of Regional Science, 1997, 31 (1): 39 – 56.

37. Krugman P., Scale Economies, Product Differentiation, and the Pattern of Trade [J]. American Economic Review, 1980, 70 (5): 950 – 959.

38. Landis, J. D., Guhathakurta, S., Huang, W. & Zhang, M., Rail Transit Investments, Real Estate Values and Land Use Change: A Comparative Analysis of Five California Rail Transit Systems. University of California Transportation Center Working Papers 285, http://escholarship.org/uc/item/4hh7f652.

39. Levinson D M., Accessibility Impacts of High-speed Rail [J]. Journal of Transport Geography, 2012, 22 (2): 288 – 291.

40. Lopez E, Ortega E. Measuring Territorial Cohesion Impacts of High Speed Rail at Different Planning Levels [C] // ERSA conference papers. European Regional Science Association, 2010: 130 – 141.

41. Luca Bertolini. , Nodes and Places: Complexities of Railway Station Redevelopment [J]. European Planning Studies, 1996, 4 (3): 331 – 345.

42. Mahieu R. , Cities of the 21st Century: New Technologies and Spatial Systems by John Brotchie; Michael Batty; Peter Hall; Peter Newton [J]. Geografiska Annaler, 1991, 74 (3): 229.

43. Masson S, Petiot R. , Can the High Speed Rail Reinforce Tourism Attractiveness? The Case of the High Speed Rail between Perpignan (France) and Barcelona (Spain) [J]. Technovation, 2009, 29 (9): 611 – 617.

44. Muller P O. , Transportation and Urban Form: Stages in the Spatial Evolution of the American Metropolis [C] // The Geography of Urban Transportation, Third Edition, 2004.

45. Nelson. A. C. , Transit Stations and Commercial Property Values: A Case Study with Land-use Policy Implication. *Journal of Public Transportation*, 1999, 2 (3): 77 – 93.

46. Ortega E, LopezE, Monzon A. , Territorial Cohesion Impacts of High-speed Railat Different Planning Levels [J]. Journal of Transport Geography, 2012 (24): 130 – 141.

47. Poncet S. , Measuring Chinese Domestic and International Integration [J]. China Economic Review, 2003, 14 (1): 1 – 21.

48. Preston J M, Wall G T, Larbie A. , The Impact of High Speed Trains on Socio-economic Activity: The Case of Ashford(Kent) [C] // 11th World Conference on Transport Research, 2007.

49. Preston J, Wall G. The Ex-ante and Ex-post Economic and Social Im-pacts of the Introduction of High-speed Trains in South East England [J]. Planning Practice and Research, 2008, 23 (3): 403 – 422.

50. Preston, J. , High Speed Rail in Britain: About Time or a Waste of Time? *Journal of Transport Geography*, 2012, 22 (2): 308 – 311.

51. Puga, D. , European Regional Policies in Light of Recent Location Theories

[C]. Discussion Paper Series No. 2767, Center for Economic Policy Research, 2001.

52. Roger Vickerman, Klaus Spiekermann, Michael Wegener., Accessibility and Economic Development in Europe [J]. Regional Studies, 1999, 33 (1): 1–15.

53. Sands B., The Development Effects of High-Speed Rail Stations and Implications for California [J]. Built Environment (1978—), 1993, 19 (3/4): 257–284.

54. Sasaki K, Ohashi T, Ando A., High-speed Rail Transit Impact on Regional Systems: Does the Shinkansen contribute to Dispersion [J]. Annals of Regional Science, 1997, 31 (1): 77–98.

55. Shaw, S. L., Fang, Z., Lu, S. & Tao, R., Impacts of High Speed Rail on Railroad Network Accessibility in China. *Journal of Transport Geography*, 2014 (40): 112–122.

56. Shi, Kaifang, Yu, Bailang, Huang, Yixiu, et al. Evaluating the Ability of NPP-VIIRS Nighttime Light Data to Estimate the Gross Domestic Product and the Electric Power Consumption of China at Multiple Scales: A Comparison with DMSP-OLS Data [J]. Remote Sensing, 2014, 6 (2): 1705–1724.

57. Spiekerman K, Wegener M., The Shrinking Continent: New Time-space Maps of Europe [J]. Environment and Planning B: Planning and Design, 1994, 21 (6): 653–673.

58. Sutton P C, Costanza R. Global Estimates of Market and Non-market Values Derived from Nighttime Satellite Imagery, Land Cover, and Ecosystem Service Valuation [J]. Ecological Economics, 2002, 41 (3): 509–527.

59. Vickerman R., High-speed Rail in Europe: Experience and Issues for Future Development [J]. The Annals of Regional Science, 1997, 31 (1): 21–38.

60. Yin M, Bertolini L, Duan J., The Effects of the High-speed Railway on Urban Development: International Experience and Potential Implications for China [J]. Progress in Planning, 2015 (98): 1–52.

61. Young A., The Razor's Edge: Distortions and Incremental Reform in the

People's Republic of China [J]. Quarterly Journal of Economics, 2000, 115 (4): 1091 - 1135.

62. Zhang, X., Q. Nie., High-speed Rail Construction and the Regional Economic Integration in China [J]. Modern City Study, 2010 (6): 7 - 10.

63. Zheng, S. & Kahn, M. E., China's Bullet Trains Facilitate Market Integration and Mitigate the Cost of Mega City Growth. Proceedings of the National Academy of Sciences of the United States of America, 2013, 110 (14): 1248 - 53.

64. 埃比尼泽·霍华德, 金经元译. 明日田园城市 [M]. 北京: 商务印书馆, 2010.

65. 安虎森. 新经济地理学原理（第二版）[M]. 北京: 经济科学出版社, 2009.

66. 安虎森. 增长极理论评述 [J]. 南开经济研究, 1997 (1): 31 - 37.

67. 蔡昉, 都阳. 中国地区经济增长的趋同与差异——对西部开发战略的启示 [J]. 经济研究, 2000 (10): 30 - 37, 80.

68. 蔡蔚, 韩国军, 叶霞飞, 等. 轨道交通车站与城市建筑物的一体化 [J]. 城市轨道交通研究, 2000 (1): 55 - 58.

69. 曹子阳, 吴志峰, 匡耀求, 黄宁生. DMSP/OLS 夜间灯光影像中国区域的校正及应用 [J]. 地球信息科学, 2015.

70. 陈斌开, 张川川. 人力资本和中国城市住房价格 [J]. 中国社会科学, 2016 (5): 43 - 64, 205.

71. 陈丰龙, 徐康宁, 王美昌. 高铁发展与城乡居民收入差距: 来自中国城市的证据 [J/OL]. 经济评论, 2018 (2): 59 - 73 [2018 - 03 - 18]. https://doi.org/10.19361/j.er.2018.02.05.

72. 陈刚. 法官异地交流与司法效率——来自高院院长的经验证据 [J]. 经济学（季刊）, 2012 (4): 1171 - 1192.

73. 陈宏胜, 杨浩然, 王兴平. 新常态背景下高铁对我国城市空间的影响及规划应对 [R]. 2015 中国城市规划年会论文集.

74. 陈林, 伍海军. 国内双重差分法的研究现状与潜在问题 [J]. 数量经济技术经济研究, 2015 (7): 133 - 148.

75. 陈林，伍海军. 国内双重差分法的研究现状与潜在问题［J］. 数量经济技术经济研究，2015（7）：133－148.

76. 陈敏，桂琦寒，陆铭，等. 经济开放与国内市场一体化进程［D］. 经济发展论坛工作论文，2005.

77. 陈述彭，鲁学军，周成虎. 地理信息系统导论［M］. 北京：科学出版社，2000.

78. 陈秀山，张可云. 区域经济理论［M］. 北京：商务印书馆，2010.

79. 程开明. 城市化与经济增长的互动机制及理论模型述评［J］. 经济评论，2007（4）：143－150.

80. 戴荣里. 最完美的抵达——中国高铁之梦［M］. 天津：天津出版传媒集团，2014.

81. 邓羽，蔡建明，杨振山，等. 北京城区交通时间可达性测度及其空间特征分析［J］. 地理学报，2012.

82. 丁志刚，孙经纬，等. 中西方高铁对城市影响的内在机制比较研究［J］. 城市规划，2015，39（7）：25－29.

83. 樊纲，王小鲁. 中国各地区市场化相对进程报告［J］. 经济研究，2003（3）：9－18.

84. 方大春，孙明月. 高铁时代区域空间结构重构研究［J］. 当代经济管理，2014，36（2）：63－66.

85. 冯长春，丰学兵，刘思君. 高速铁路对中国省际可达性的影响［J］. 地理科学进展，2013，32（8）：1187－1194.

86. 冯奎. 通州副中心建设要借鉴国内外经验教训［J］. 中国发展观察，2015（7）：8－10.

87. 宫汝凯. 分税制改革与中国城镇房价水平——基于省级面板的经验证据［J］. 金融研究，2012（8）：70－83.

88. 郭文军，曾学贵. 高速铁路对交通运输实现可持续发展的重要意义［J］. 中国铁路，2000（3）：25－27.

89. 郭永德，高金环，马洪兵. Suomi-NPP 夜间灯光数据与 GDP 的空间关系分析[J].清华大学学报:自然科学版,2016(10):1123-1130.

90. 韩会然,杨成凤,宋金平.北京市土地利用空间格局演化模拟及预测[J].地理科学进展,2015.34(8):976-986.

91. 韩向娣,周艺,王世新,等.夜间灯光遥感数据的GDP空间化处理方法[J].地球信息科学学报,2012,14(1):128-136.

92. 郝之颖.高速铁路站场地区空间规划[J].城市交通,2008(5):48-52.

93. 何春阳,李景刚,陈晋,等.基于夜间灯光数据的环渤海地区区域市场过程[J].地理学报,2005(3):409-417.

94. 何春阳,史培军,李景刚,等.基于DMSP/OLS夜间灯光数据和统计数据的中国大陆20世纪90年代城市化空间过程重建研究[J].科学通报,2006,(7):856-861.

95. 何俊信,高铁车站特定区对邻近地区人口迁移之影响研究——以桃园车站特定区为例,[D].中国台湾地区交通大学,2004.

96. 何雄浪,杨继瑞.企业异质、产业集聚与区域发展差异——新新经济地理学的理论解释与拓展[J].学术月刊,2012(7):82-89.

97. 侯雪,刘苏,张文新,等.高铁影响下的京津城际出行行为研究[J].经济地理,2011,31(9):1573-1579.

98. 侯雪,刘苏,张文新,等.高铁影响下的京津城际出行行为研究[J].经济地理,2011,31(9):1573-1579.

99. 侯赟慧,刘志彪,岳中刚.长三角区域经济一体化进程的社会网络分析[J].中国软科学,2009(12):90-101.

100. 黄洁,钟业喜,李建新,等.基于高铁网络的中国省会城市经济可达性[J].地理研究,2016,35(4):757-769.

101. 黄玲文,姚洋.国有企业改制对就业的影响——来自11个城市的证据[J].经济研究,2007(3):57-69.

102. 黄森.空间视角下交通基础设施对区域经济的影响研究[D].重庆大学,2014.

103. 黄泰, 席建超, 葛全胜. 高铁影响下城市群旅游空间的竞争格局分异 [J]. 经济地理, 2017, 37 (8): 182-191.

104. 姜博, 初楠臣, 王媛, 等. 高速铁路影响下的城市可达性测度及其空间格局模拟分析——以哈大高铁为例 [J]. 经济地理, 2014, 34 (11): 58-62.

105. 蒋海兵, 徐建刚, 祁毅. 京沪高铁对区域中心城市陆路可达性影响 [J]. 地理学报, 2010, 65 (10): 1287-1298.

106. 蒋海兵, 张文忠, 祁毅, 等. 高速铁路与出行成本影响下的全国陆路可达性分析 [J]. 地理研究, 2015, 34 (6): 1015-1028.

107. 金凤君, 焦敬娟, 齐元静. 东亚高速铁路网络的发展演化与地理效应评价 [J]. 地理学报, 2016 (4): 576-590.

108. 金凤君, 刘鹤, 赵燊. 南非交通基础设施建设的潜力与方向评估 [J]. 世界地理研究, 2013, 22 (2): 18-26.

109. 孔祥智, 陈炎, 辛毅等. 北京卫星城发展的现状、问题和对策建议 [J]. 北京社会科学, 2005 (3): 9-16.

110. 李东泉, 韩光辉. 1949 年以来北京城市规划与城市发展的关系探析——以 1949—2004 年间的北京城市总体规划为例 [J] 北京社会科学, 2013 (5): 144-151.

111. 李国平, 范红忠. 生产集中、人口分布与地区经济差异 [J]. 经济研究, 2003 (11): 79-86, 93.

112. 李克秦. 关于经济型高速铁路的原理和方法研究 [D]. 武汉理工大学, 2004.

113. 李文静, 翟国方, 何仲禹, 陈泽武. 日本站成一体化开发对我国高铁新城建设的启示——以新横滨站为例 [J]. 国际城市规划, 2016 (3): 111-118.

114. 李祥, 高波, 李勇刚. 房地产税收、公共服务供给与房价——基于省际面板数据的实证分析 [J]. 财贸研究, 2012, 23 (3): 67-75.

115. 李小建. 经济地理学 [M]. 北京: 高等教育出版社, 2006.

116. 李晓, 张建平. 东亚产业关联的研究方法与现状——一个国际/国家间投入产出模型的综述 [J]. 经济研究, 2010 (4): 147-160.

117. 廖弘. 浅析高速铁路的技术经济优势 [J]. 理论学习与探索, 2006 (1): 42-43.

118. 林晶晶, 骆玲. 高速铁路对区域经济影响评价 [M]. 成都: 西南交通大学出版社, 2015.

119. 林晓言. 高速铁路与经济社会发展新格局 [M]. 北京: 社会科学文献出版社, 2015.

120. 刘秉镰, 武鹏, 刘玉海. 交通基础设施与中国全要素生产率增长——基于省域数据的空间面板计量分析 [J]. 中国工业经济, 2010 (3): 54-64.

121. 刘红辉, 江东, 杨小唤, 等. 基于遥感的全国 GDP 1km 格网的空间化表达 [J]. 地球信息科学学报, 2005, 7 (2): 120-123.

122. 刘甲炎, 范子英. 中国房产税试点的效果评估: 基于合成控制法的研究 [J]. 世界经济, 2013 (11): 117-135.

123. 刘杰. 增长极理论对菏泽区域经济发展的启示 [J]. 经济地理, 2010 (12): 1961-1965.

124. 刘沁萍, 杨永春, 等. 快速城市化时期中国城市建城区植被状况的时空分异特征 [J]. 自然资源学报, 2014 (2): 223-236.

125. 刘瑞明, 赵仁杰. 国家高新区推动了地区经济发展吗？——基于双重差分方法的验证 [J]. 管理世界, 2015 (8): 30-38.

126. 刘生龙, 胡鞍钢. 交通基础设施与中国区域经济一体化 [J]. 经济研究, 2011 (3): 72-82.

127. 刘兆德, 陈素青, 王慧. 长江三角洲地区经济社会一体化初步研究 [J]. 中国软科学, 2004, (5): 123-129.

128. 鲁晓东, 李荣林. 区域经济一体化、FDI 与国际生产转移: 一个自由资本模型 [J]. 经济学 (季刊), 2009 (4): 1475-1496.

129. 陆大道. 关于"点—轴"空间结构系统的形成机理分析 [J]. 地理科学, 2002, 22 (1): 1-6.

130. 罗鹏飞, 徐逸伦, 张楠楠. 高速铁路对区域可达性的影响研究——以沪宁地区为例 [J]. 经济地理, 2004, 24 (3): 407-411.

131. 米晓楠, 白林燕, 谭雪航, 等. 基于 DMSP/OLS 数据的城市中心城区提取新方法 [J]. 地球信息科学学报, 2013, 15 (2): 255-261.

132. 齐子翔. 京津冀协同发展机制设计 [M]. 北京: 社会科学文献出版社, 2015.

133. 乔英忍, 曹国炳. 世界铁路总览 [M]. 北京: 中国铁道出版社, 2001.

134. 苏文俊, 施海涛, 王新军. 京沪高铁对鲁西南沿线主要城市的影响 [J]. 复旦学报 (自然科学版), 2009 (1): 114-119.

135. 孙久文. 区域经济一体化: 理论、意义与"十三五"时期发展思路 [J]. 区域经济评论, 2015 (6): 8-10.

136. 王凤学. 中国高速铁路对区域经济发展的影响研究 [D]. 吉林大学, 2012.

137. 王缉宪, 林辰辉. 高速铁路对城市空间演变的影响: 基于中国特征的分析思路 [J]. 国际城市规划, 2011, 26 (1): 16-23.

138. 王缉宪. 高速铁路影响城市与区域发展的机理 [J]. 国际城市规划, 2011 (6): 1-5.

139. 王姣娥, 丁金学. 高速铁路对中国城市空间结构的影响研究 [J]. 国际城市规划, 2011, 26 (6): 49-54.

140. 王晶. 基于绿色换乘的高铁枢纽交通接驳规划理论研究 [D]. 天津大学, 2011.

141. 王兰, 王灿, 等. 高铁站点周边地区的发展与规划 [J]. 城市规划学刊, 2014 (4): 31-37.

142. 王兰. 高铁新城规划与开发研究 [M]. 上海: 同济大学出版社, 2016.

143. 王丽, 刘可文, 曹有辉. 国内外高铁站区空间结构研究进展 [J]. 经济地理, 2016 (8): 120-126.

144. 王兴平, 朱秋诗. 高铁驱动的区域同城化与城市空间重构 [M]. 南京: 东南大学出版社, 2017.

145. 王雨飞, 倪鹏飞. 高速铁路影响下的经济增长溢出与区域空间优化 [J]. 中国工业经济, 2016 (2): 21-36.

146. 吴昊. 高铁对经济社会发展拉动作用凸显 [N]. 人民铁道, 2010-07-31 (A01).

147. 肖雪. 武汉市轨道交通与城市空间布局发展研究 [D]. 武汉工程大学, 2014.

148. 行伟波, 李善同. 引力模型、边界效应与中国区域间贸易: 基于投入产出数据的实证分析 [J]. 国际贸易问题, 2010 (10): 32-41.

149. 徐康宁, 陈丰龙, 刘修岩. 中国经济增长的真实性: 基于全球夜间灯光数据的检验 [J]. 经济研究, 2015 (9): 17-29.

150. 杨波. "高铁时代"的长江三角洲城市——区域发展 [J]. 改革与战略, 2012, 28 (3): 115-118.

151. 杨孟禹, 张可云. 中国城市扩张的空间竞争实证分析 [J]. 经济理论与经济管理, 2016 (9): 100-112.

152. 杨维凤. 京沪高速铁路对我国区域空间结构的影响 [J]. 河北经贸大学学报, 2010 (5): 55-63.

153. 姚士谋, 陈振光, 朱英明, 等. 中国城市群 [M]. 合肥: 中国科技大学出版社, 2006: 116-119.

154. 姚士谋, 等. 中国城市群新论 [M]. 北京: 科学出版社有限公司, 2017.

155. 殷铭, 汤晋. 城镇密集地区高铁站点对区域城市格局演化的作用机理研究: 一个跨尺度的分析框架 [J]. 现代城市研究, 2017 (12): 46-51, 63.

156. 尹忠明, 李东坤. 中国对外直接投资与国内全要素生产率提升——基于全面提高开放型经济发展水平的视角 [J]. 财经科学, 2014 (7): 21-31.

157. 于涛, 陈昭, 朱鹏宇. 高铁驱动中国城市郊区化的特征与机制研究——以京沪高铁为例 [J]. 地理科学, 2012 (9): 1042-1048.

158. 张俊. 高铁建设与县域经济发展——基于卫星灯光数据的研究 [J]. 经济学 (季刊), 2017, 16 (4): 1533-1562.

159. 张凯, 曹小曙. 火车站及其周边地区空间结构国外研究进展 [J]. 人文地理, 2007 (6): 6-9.

160. 张克中，陶东杰. 交通基础设施的经济分布效应——来自高铁开通的证据 [J]. 经济学动态，2016（6）：62－73.

161. 张曙光. 中国高速铁路自主创新 [R]. 人民网，2009－9－8.

162. 张先锋，丁亚娟，王红. 中国区域全要素生产率的影响因素分析——基于地理溢出效应的视角 [J]. 经济地理，2010（12）：1955－1960.

163. 张学良，聂清凯. 高速铁路建设与中国区域经济一体化发展 [J]. 现代城市研究，2010（6）：6－10.

164. 张学良. 中国交通基础设施促进了区域经济增长吗——兼论交通基础设施的空间溢出效应 [J]. 中国社会科学，2012（3）：60－77，206.

165. 张铱莹，彭其渊. 客运专线对运输通道分担率的影响 [J]. 铁道运输与经济，2006，28（12）：16－19.

166. 赵永亮，才国伟. 市场潜力的边界效应与内外部市场一体化 [J]. 经济研究，2009（7）：119－130.

167. 郑海燕. 高速铁路与沿线区域经济一体化 [D]. 暨南大学，2014.

168. 钟少颖，郭叶波. 中国高速铁路建设对城市通达性影响分析 [J]. 地域研究与开发，2013，32（2）：46－51.

169. 周浩，郑筱婷. 交通基础设施质量与经济增长：来自中国铁路提速的证据 [J]. 世界经济，2012，35（1）：78－97.

170. 周俊，徐建刚. 轨道交通的廊道效应与城市土地利用分析——以上海市轨道通明珠线（一期）为例 [J]. 城市轨道交通研究，2002，5（1）：77－81.

171. 朱昊，赖小琼. 集聚视角下的中国城市化与区域经济增长 [J]. 经济学动态，2013（12）：49－58.

172. 朱平芳，徐大丰. 中国城市人力资本的估算 [J]. 经济研究，2007，（9）：84－95.

173. 卓莉，陈晋，史培军，等. 基于夜间灯光数据的中国人口密度模拟 [J]. 地理学报，2005，60（2）：266－276.

174. 邹卓君，郑伯红. 高铁站区与城郊产业园区协同发展研究——以京沪、京广高铁沿线城市为例 [J]. 经济地理，2017，37（3）：136－143.

# 附　　录

## 我国开通高铁城市基本情况

| 城市 | 高铁站数量 | 线路名称 | 线路长度 | 运行速度 | 开工日期 | 通车日期 |
|---|---|---|---|---|---|---|
| 安庆市 | 2 | 宁安客运专线 | 257 | 250 | 2008/12/28 | 2015/12/6 |
| 安顺市 | 1 | 安六城际铁路 | 118 | 250 | 2015/11/10 | 2018/6/30 |
| 百色市 | 4 | 南昆客运专线（南宁站至百色站段） | 223 | 250 | 2009/12/27 | 2015/12/11 |
| 宝鸡市 | 2 | 西宝客运专线 | 148 | 250 | 2009/11/28 | 2013/12/28 |
| 保定市 | 4 | 津保铁路 | 145 | 250 | 2010/3/21 | 2015/12/28 |
| 北海市 | 2 | 邕北线 | 199 | 250 | 2009/6/6 | 2013/12/30 |
| 本溪市 | 3 | 沈丹客运专线 | 208 | 250 | 2010/3/17 | 2015/9/1 |
| 毕节市 | 3 | 成贵客运专线 | 486 | 250 | 2013/12/23 | 2019/6/30 |
| 潮州市 | 2 | 梅汕客运专线 | 122 | 250 | 2015/4/27 | 2020/6/30 |
| 成都市 | 8 | 成绵乐客运专线 | 319 | 250 | 2008/12/30 | 2014/12/20 |
| 池州市 | 3 | 宁安客运专线 | 257 | 250 | 2008/12/28 | 2015/12/6 |
| 崇左市 | 4 | 南凭客运专线 | 194 | 250 | 2016/6/30 | 2020/6/30 |
| 大庆市 | 3 | 哈齐客运专线 | 286 | 250 | 2009/7/5 | 2015/8/17 |
| 大同市 | 3 | 大西客运专线（大同南站至太原南站段） | 280 | 250 | 2009/12/3 | 2014/7/1 |
| 大同市 | 3 | 张大城际铁路 | 137 | 250 | 2015/11/18 | 2020/6/30 |
| 丹东市 | 4 | 沈丹客运专线 | 208 | 250 | 2010/3/17 | 2015/9/1 |
| 德阳市 | 3 | 成绵乐客运专线 | 319 | 250 | 2008/12/30 | 2014/12/20 |
| 德州市 | 3 | 石济客运专线 | 319 | 250 | 2014/2/8 | 2017/6/30 |
| 鄂州市 | 5 | 武黄城际铁路（武汉城市圈城际铁路） | 133 | 250 | 2009/3/22 | 2014/6/18 |

续表

| 城市 | 高铁站数量 | 线路名称 | 线路长度 | 运行速度 | 开工日期 | 通车日期 |
|---|---|---|---|---|---|---|
| 防城港市 | 2 | 钦防铁路 | 63 | 250 | 2009/8/23 | 2013/12/30 |
| 佛山市 | 2 | 贵广客运专线 | 861 | 250 | 2008/10/13 | 2014/12/26 |
| 佛山市 | 2 | 南广铁路（梧州南站至广州南站段） | 249 | 250 | 2008/11/9 | 2014/12/26 |
| 赣州市 | 3 | 昌赣客运专线 | 420 | 250 | 2014/12/20 | 2018/6/30 |
| 广元市 | 3 | 兰渝铁路 | 352 | 250 | 2008/9/26 | 2015/12/26 |
| 广元市 | 3 | 西成客运专线 | 509 | 250 | 2010/11/10 | 2017/6/30 |
| 广州市 | 1 | 贵广客运专线 | 861 | 250 | 2008/10/13 | 2014/12/26 |
| 广州市 | 1 | 南广铁路（梧州南站至广州南站段） | 249 | 250 | 2008/11/9 | 2014/12/26 |
| 贵港市 | 3 | 南广铁路（南宁站至梧州南站段） | 328 | 250 | 2008/11/9 | 2014/4/18 |
| 贵阳市 | 2 | 成贵客运专线 | 486 | 250 | 2013/12/23 | 2019/6/30 |
| 贵阳市 | 2 | 贵广客运专线 | 861 | 250 | 2008/10/13 | 2014/12/26 |
| 贵阳市 | 2 | 渝黔铁路 | 345 | 250 | 2010/12/22 | 2017/6/30 |
| 桂林市 | 5 | 贵广客运专线 | 861 | 250 | 2008/10/13 | 2014/12/26 |
| 哈尔滨市 | 2 | 哈齐客运专线 | 286 | 250 | 2009/7/5 | 2015/8/17 |
| 哈尔滨市 | 9 | 哈牡城际铁路 | 293 | 250 | 2014/12/15 | 2019/6/30 |
| 哈密地区 | 1 | 兰新铁路第二双线（乌鲁木齐南站至哈密站段） | 530 | 250 | 2009/11/4 | 2014/11/16 |
| 海北藏族自治州 | 1 | 兰新铁路第二双线（哈密站至兰州西站段） | 1246 | 250 | 2008/10/13 | 2014/12/26 |
| 海东市 | 3 | 兰新铁路第二双线（哈密站至兰州西站段） | 1246 | 250 | 2008/10/13 | 2014/12/26 |
| 海口市 | 5 | 海南东环铁路 | 308 | 250 | 2007/9/29 | 2010/12/30 |
| 汉中市 | 6 | 西成客运专线 | 509 | 250 | 2010/11/10 | 2017/6/30 |
| 贺州市 | 2 | 贵广客运专线 | 861 | 250 | 2008/10/13 | 2014/12/26 |
| 衡水市 | 2 | 石济客运专线 | 319 | 250 | 2014/2/8 | 2017/6/30 |
| 衡阳市 | 2 | 怀邵衡铁路 | 318 | 250 | 2014/6/30 | 2018/6/30 |
| 衡阳市 | 5 | 衡柳铁路 | 498 | 250 | 2008/12/11 | 2013/12/28 |
| 红河哈尼族彝族自治州 | 3 | 南昆客运专线（百色站至昆明南站段） | 487 | 250 | 2009/12/27 | 2015/12/11 |
| 呼和浩特市 | 1 | 呼张客运专线 | 286 | 250 | 2014/6/16 | 2017/6/30 |

续表

| 城市 | 高铁站数量 | 线路名称 | 线路长度 | 运行速度 | 开工日期 | 通车日期 |
|---|---|---|---|---|---|---|
| 湖州市 | 2 | 湖苏沪客运专线 | 145 | 250 | 2016/6/30 | 2020/6/30 |
| 怀化市 | 5 | 怀邵衡铁路 | 318 | 250 | 2014/6/30 | 2018/6/30 |
| 淮安市 | 2 | 徐宿淮盐铁路 | 314 | 250 | 2015/12/28 | 2019/6/30 |
| 淮安市 | 3 | 连淮扬镇铁路 | 305 | 250 | 2014/12/26 | 2019/6/30 |
| 淮北市 | 1 | 淮北至萧县北客车联络线 | 27 | 250 | 2014/12/30 | 2017/6/30 |
| 黄冈市 | 3 | 武黄城际铁路（武汉城市圈城际铁路） | 133 | 250 | 2009/3/22 | 2014/6/18 |
| 黄石市 | 2 | 武黄城际铁路（武汉城市圈城际铁路） | 133 | 250 | 2009/3/22 | 2014/6/18 |
| 黄石市 | 3 | 武九客运专线（大冶北站至庐山站段） | 115 | 250 | 2013/12/29 | 2017/6/30 |
| 吉安市 | 6 | 昌赣客运专线 | 420 | 250 | 2014/12/20 | 2018/6/30 |
| 吉林市 | 1 | 长吉城际铁路 | 111 | 250 | 2007/5/13 | 2010/12/30 |
| 吉林市 | 2 | 吉珲客运专线 | 378 | 250 | 2010/10/30 | 2015/9/20 |
| 济南市 | 2 | 石济客运专线 | 319 | 250 | 2014/2/8 | 2017/6/30 |
| 嘉峪关市 | 1 | 兰新铁路第二双线（哈密站至兰州西站段） | 1246 | 250 | 2008/10/13 | 2014/12/26 |
| 揭阳市 | 2 | 梅汕客运专线 | 122 | 250 | 2015/4/27 | 2020/6/30 |
| 金华市 | 4 | 金温铁路扩能改造工程 | 188 | 250 | 2010/1/19 | 2015/12/26 |
| 晋中市 | 5 | 大西客运专线（太原南站至西安北站段） | 579 | 250 | 2009/12/3 | 2014/7/1 |
| 九江市 | 4 | 武九客运专线（大冶北站至庐山站段） | 115 | 250 | 2013/12/29 | 2017/6/30 |
| 酒泉市 | 2 | 兰新铁路第二双线（哈密站至兰州西站段） | 1246 | 250 | 2008/10/13 | 2014/12/26 |
| 昆明市 | 3 | 南昆客运专线（百色站至昆明南站段） | 487 | 250 | 2009/12/27 | 2015/12/11 |
| 来宾市 | 1 | 柳南城际铁路（湘桂铁路扩能改造/新线：柳州至南宁段） | 226 | 250 | 2008/12/27 | 2013/12/28 |
| 兰州市 | 1 | 兰新铁路第二双线（哈密站至兰州西站段） | 1246 | 250 | 2008/10/13 | 2014/12/26 |
| 兰州市 | 6 | 兰中城际铁路 | 63 | 250 | 2010/12/27 | 2015/9/30 |
| 廊坊市 | 2 | 津保铁路 | 145 | 250 | 2010/3/21 | 2015/12/28 |
| 乐山市 | 2 | 成贵客运专线 | 486 | 250 | 2013/12/23 | 2019/6/30 |
| 乐山市 | 3 | 成绵乐客运专线 | 319 | 250 | 2008/12/30 | 2014/12/20 |
| 丽水市 | 3 | 金温铁路扩能改造工程 | 188 | 250 | 2010/1/19 | 2015/12/26 |
| 连云港市 | 3 | 连淮扬镇铁路 | 305 | 250 | 2014/12/26 | 2019/6/30 |

续表

| 城市 | 高铁站数量 | 线路名称 | 线路长度 | 运行速度 | 开工日期 | 通车日期 |
|---|---|---|---|---|---|---|
| 临汾市 | 4 | 大西客运专线（太原南站至西安北站段） | 579 | 250 | 2009/12/3 | 2014/7/1 |
| 柳州市 | 1 | 贵广客运专线 | 861 | 250 | 2008/10/13 | 2014/12/26 |
| 柳州市 | 2 | 柳南城际铁路（湘桂铁路扩能改造/新线：柳州至南宁段） | 226 | 250 | 2008/12/27 | 2013/12/28 |
| 柳州市 | 4 | 衡柳铁路 | 498 | 250 | 2008/12/11 | 2013/12/28 |
| 六盘水市 | 4 | 安六城际铁路 | 118 | 250 | 2015/11/10 | 2018/6/30 |
| 马鞍山市 | 2 | 宁安客运专线 | 257 | 250 | 2008/12/28 | 2015/12/6 |
| 眉山市 | 3 | 成绵乐客运专线 | 319 | 250 | 2008/12/30 | 2014/12/20 |
| 梅州市 | 3 | 梅汕客运专线 | 122 | 250 | 2015/4/27 | 2020/6/30 |
| 绵阳市 | 3 | 成绵乐客运专线 | 319 | 250 | 2008/12/30 | 2014/12/20 |
| 绵阳市 | 3 | 西成客运专线 | 509 | 250 | 2010/11/10 | 2017/6/30 |
| 牡丹江市 | 2 | 哈牡城际铁路 | 293 | 250 | 2014/12/15 | 2019/6/30 |
| 南昌市 | 2 | 昌赣客运专线 | 420 | 250 | 2014/12/20 | 2018/6/30 |
| 南充市 | 3 | 兰渝铁路 | 352 | 250 | 2008/9/26 | 2015/12/26 |
| 南京市 | 2 | 宁安客运专线 | 257 | 250 | 2008/12/28 | 2015/12/6 |
| 南宁市 | 2 | 柳南城际铁路（湘桂铁路扩能改造/新线：柳州至南宁段） | 226 | 250 | 2008/12/27 | 2013/12/28 |
| 南宁市 | 2 | 南凭客运专线 | 194 | 250 | 2016/6/30 | 2020/6/30 |
| 南宁市 | 3 | 南广铁路（南宁站至梧州南站段） | 328 | 250 | 2008/11/9 | 2014/4/18 |
| 南宁市 | 3 | 南昆客运专线（南宁站至百色站段） | 223 | 250 | 2009/12/27 | 2015/12/11 |
| 南宁市 | 3 | 邕北线 | 199 | 250 | 2009/6/6 | 2013/12/30 |
| 齐齐哈尔市 | 2 | 哈齐客运专线 | 286 | 250 | 2009/7/5 | 2015/8/17 |
| 黔东南苗族侗族自治州 | 2 | 贵广客运专线 | 861 | 250 | 2008/10/13 | 2014/12/26 |
| 黔南布依族苗族自治州 | 4 | 贵广客运专线 | 861 | 250 | 2008/10/13 | 2014/12/26 |
| 钦州市 | 2 | 钦防铁路 | 63 | 250 | 2009/8/23 | 2013/12/30 |
| 钦州市 | 3 | 邕北线 | 199 | 250 | 2009/6/6 | 2013/12/30 |
| 青岛市 | 4 | 青荣城际铁路（即墨北站至荣成站段） | 299 | 250 | 2010/3/17 | 2014/12/28 |
| 三亚市 | 2 | 海南东环铁路 | 308 | 250 | 2007/9/29 | 2010/12/30 |
| 汕头市 | 1 | 梅汕客运专线 | 122 | 250 | 2015/4/27 | 2020/6/30 |
| 上海市 | 2 | 湖苏沪客运专线 | 145 | 250 | 2016/6/30 | 2020/6/30 |

续表

| 城市 | 高铁站数量 | 线路名称 | 线路长度 | 运行速度 | 开工日期 | 通车日期 |
|---|---|---|---|---|---|---|
| 邵阳市 | 9 | 怀邵衡铁路 | 318 | 250 | 2014/6/30 | 2018/6/30 |
| 沈阳市 | 1 | 沈丹客运专线 | 208 | 250 | 2010/3/17 | 2015/9/1 |
| 石家庄市 | 4 | 石济客运专线 | 319 | 250 | 2014/2/8 | 2017/6/30 |
| 朔州市 | 1 | 大西客运专线（大同南站至太原南站段） | 280 | 250 | 2009/12/3 | 2014/7/1 |
| 苏州市 | 2 | 湖苏沪客运专线 | 145 | 250 | 2016/6/30 | 2020/6/30 |
| 绥化市 | 2 | 哈齐客运专线 | 286 | 250 | 2009/7/5 | 2015/8/17 |
| 太原市 | 3 | 大西客运专线（太原南站至西安北站段） | 579 | 250 | 2009/12/3 | 2014/7/1 |
| 天津市 | 1 | 津保铁路 | 145 | 250 | 2010/3/21 | 2015/12/28 |
| 铁岭市 | 1 | 哈牡城际铁路 | 293 | 250 | 2014/12/15 | 2019/6/30 |
| 铜陵市 | 2 | 宁安客运专线 | 257 | 250 | 2008/12/28 | 2015/12/6 |
| 吐鲁番地区 | 3 | 兰新铁路第二双线（乌鲁木齐南站至哈密段） | 530 | 250 | 2009/11/4 | 2014/11/16 |
| 威海市 | 4 | 青荣城际铁路（即墨北站至荣成站段） | 299 | 250 | 2010/3/17 | 2014/12/28 |
| 渭南市 | 3 | 大西客运专线（太原南站至西安北站段） | 579 | 250 | 2009/12/3 | 2014/7/1 |
| 温州市 | 2 | 金温铁路扩能改造工程 | 188 | 250 | 2010/1/19 | 2015/12/26 |
| 文山壮族苗族自治州 | 4 | 南昆客运专线（百色站至昆明南站段） | 487 | 250 | 2009/12/27 | 2015/12/11 |
| 乌兰察布市 | 3 | 呼张客运专线 | 286 | 250 | 2014/6/16 | 2017/6/30 |
| 乌鲁木齐市 | 2 | 兰新铁路第二双线（乌鲁木齐南站至哈密段） | 530 | 250 | 2009/11/4 | 2014/11/16 |
| 芜湖市 | 3 | 宁安客运专线 | 257 | 250 | 2008/12/28 | 2015/12/6 |
| 梧州市 | 2 | 南广铁路（梧州南站至广州南站段） | 249 | 250 | 2008/11/9 | 2014/12/26 |
| 武汉市 | 3 | 武黄城际铁路（武汉城市圈城际铁路） | 133 | 250 | 2009/3/22 | 2014/6/18 |
| 武汉市 | 6 | 汉孝城际铁路（武汉城市圈城际铁路） | 62 | 250 | 2009/3/22 | 2017/6/30 |
| 西安市 | 1 | 西宝客运专线 | 148 | 250 | 2009/11/28 | 2013/12/28 |
| 西安市 | 2 | 大西客运专线（太原南站至西安北站段） | 579 | 250 | 2009/12/3 | 2014/7/1 |
| 西安市 | 4 | 西成客运专线 | 509 | 250 | 2010/11/10 | 2017/6/30 |
| 西宁市 | 2 | 兰新铁路第二双线（哈密站至兰州西站段） | 1246 | 250 | 2008/10/13 | 2014/12/26 |
| 咸阳市 | 1 | 西宝客运专线 | 148 | 250 | 2009/11/28 | 2013/12/28 |

续表

| 城市 | 高铁站数量 | 线路名称 | 线路长度 | 运行速度 | 开工日期 | 通车日期 |
|---|---|---|---|---|---|---|
| 孝感市 | 5 | 汉孝城际铁路（武汉城市圈城际铁路） | 62 | 250 | 2009/3/22 | 2017/6/30 |
| 忻州市 | 3 | 大西客运专线（大同南站至太原南站段） | 280 | 250 | 2009/12/3 | 2014/7/1 |
| 宿迁市 | 3 | 徐宿淮盐铁路 | 314 | 250 | 2015/12/28 | 2019/6/30 |
| 宿州市 | 1 | 淮北至萧县北客车联络线 | 27 | 250 | 2014/12/30 | 2017/6/30 |
| 徐州市 | 3 | 徐宿淮盐铁路 | 314 | 250 | 2015/12/28 | 2019/6/30 |
| 烟台市 | 7 | 青荣城际铁路（即墨北站至荣成站段） | 299 | 250 | 2010/3/17 | 2014/12/28 |
| 延边朝鲜族自治州 | 7 | 吉珲客运专线 | 378 | 250 | 2010/10/30 | 2015/9/20 |
| 盐城市 | 3 | 徐宿淮盐铁路 | 314 | 250 | 2015/12/28 | 2019/6/30 |
| 扬州市 | 6 | 连淮扬镇铁路 | 305 | 250 | 2014/12/26 | 2019/6/30 |
| 宜宾市 | 5 | 成贵客运专线 | 486 | 250 | 2013/12/23 | 2019/6/30 |
| 宜春市 | 2 | 昌赣客运专线 | 420 | 250 | 2014/12/20 | 2018/6/30 |
| 永州市 | 5 | 衡柳铁路 | 498 | 250 | 2008/12/11 | 2013/12/28 |
| 云浮市 | 3 | 南广铁路（梧州南站至广州南站段） | 249 | 250 | 2008/11/9 | 2014/12/26 |
| 运城市 | 3 | 大西客运专线（太原南站至西安北站段） | 579 | 250 | 2009/12/3 | 2014/7/1 |
| 张家口市 | 3 | 呼张客运专线 | 286 | 250 | 2014/6/16 | 2017/6/30 |
| 张家口市 | 3 | 张大城际铁路 | 137 | 250 | 2015/11/18 | 2020/6/30 |
| 张掖市 | 6 | 兰新铁路第二双线（哈密站至兰州西站段） | 1246 | 250 | 2008/10/13 | 2014/12/26 |
| 长春市 | 3 | 长吉城际铁路 | 111 | 250 | 2007/5/13 | 2010/12/30 |
| 昭通市 | 3 | 成贵客运专线 | 486 | 250 | 2013/12/23 | 2019/6/30 |
| 肇庆市 | 1 | 南广铁路（梧州南站至广州南站段） | 249 | 250 | 2008/11/9 | 2014/12/26 |
| 肇庆市 | 3 | 贵广客运专线 | 861 | 250 | 2008/10/13 | 2014/12/26 |
| 镇江市 | 4 | 连淮扬镇铁路 | 305 | 250 | 2014/12/26 | 2019/6/30 |
| 重庆市 | 4 | 渝黔铁路 | 345 | 250 | 2010/12/22 | 2017/6/30 |
| 重庆市 | 7 | 兰渝铁路 | 352 | 250 | 2008/9/26 | 2015/12/26 |
| 重庆市 | 10 | 郑渝客运专线（重庆北站至万州站段） | 247 | 250 | 2010/12/22 | 2017/6/30 |
| 遵义市 | 5 | 渝黔铁路 | 345 | 250 | 2010/12/22 | 2017/6/30 |
| 安顺市 | 3 | 长昆客运专线（长沙南站至新晃西站段） | 286 | 300 | 2010/3/26 | 2015/6/18 |

续表

| 城市 | 高铁站数量 | 线路名称 | 线路长度 | 运行速度 | 开工日期 | 通车日期 |
|---|---|---|---|---|---|---|
| 安阳市 | 1 | 石武客运专线（石家庄站至郑州东站段） | 358 | 300 | 2008/10/15 | 2012/12/26 |
| 鞍山市 | 1 | 盘营客运专线 | 90 | 300 | 2009/5/31 | 2013/7/1 |
| 鞍山市 | 2 | 哈大客运专线 | 904 | 300 | 2007/8/23 | 2012/12/1 |
| 宝鸡市 | 1 | 宝兰客运专线 | 403 | 300 | 2010/3/26 | 2016/12/1 |
| 常州市 | 2 | 宁杭客运专线 | 249 | 300 | 2008/12/28 | 2013/7/1 |
| 郴州市 | 1 | 武广客运专线 | 968 | 300 | 2005/6/23 | 2009/12/26 |
| 成都市 | 1 | 成渝客运专线 | 305 | 300 | 2010/3/22 | 2015/12/26 |
| 大连市 | 4 | 哈大客运专线 | 904 | 300 | 2007/8/23 | 2012/12/1 |
| 定西市 | 2 | 宝兰客运专线 | 403 | 300 | 2010/3/26 | 2016/12/1 |
| 福州市 | 2 | 合福客运专线 | 808 | 300 | 2009/12/22 | 2015/6/28 |
| 抚州市 | 1 | 杭长客运专线 | 342 | 300 | 2009/12/22 | 2014/12/10 |
| 广州市 | 3 | 武广客运专线 | 968 | 300 | 2005/6/23 | 2009/12/26 |
| 贵阳市 | 2 | 长昆客运专线（长沙南站至新晃西站段） | 286 | 300 | 2010/3/26 | 2015/6/18 |
| 哈尔滨市 | 2 | 哈大客运专线 | 904 | 300 | 2007/8/23 | 2012/12/1 |
| 邯郸市 | 1 | 石武客运专线（石家庄站至郑州东站段） | 358 | 300 | 2008/10/15 | 2012/12/26 |
| 杭州市 | 1 | 宁杭客运专线 | 249 | 300 | 2008/12/28 | 2013/7/1 |
| 杭州市 | 2 | 杭甬客运专线 | 150 | 300 | 2009/3/19 | 2013/7/1 |
| 杭州市 | 2 | 杭长客运专线（杭州东站至南昌西站段） | 591 | 300 | 2009/12/22 | 2014/12/10 |
| 合肥市 | 3 | 合福客运专线 | 808 | 300 | 2009/12/22 | 2015/6/28 |
| 鹤壁市 | 1 | 石武客运专线（石家庄站至郑州东站段） | 358 | 300 | 2008/10/15 | 2012/12/26 |
| 衡阳市 | 3 | 武广客运专线 | 968 | 300 | 2005/6/23 | 2009/12/26 |
| 湖州市 | 3 | 宁杭客运专线 | 249 | 300 | 2008/12/28 | 2013/7/1 |
| 怀化市 | 4 | 长昆客运专线（长沙南站至新晃西站段） | 420 | 300 | 2010/3/26 | 2014/12/16 |
| 黄山市 | 2 | 合福客运专线 | 808 | 300 | 2009/12/22 | 2015/6/28 |
| 金华市 | 2 | 杭长客运专线（杭州东站至南昌西站段） | 591 | 300 | 2009/12/22 | 2014/12/10 |
| 锦州市 | 1 | 盘营客运专线 | 90 | 300 | 2009/5/31 | 2013/7/1 |
| 九江市 | 5 | 昌九城际铁路 | 131 | 300 | 2007/6/28 | 2010/9/20 |
| 昆明市 | 2 | 长昆客运专线（新晃西站至贵阳北站段） | 175 | 300 | 2010/3/26 | 2016/12/1 |

续表

| 城市 | 高铁站数量 | 线路名称 | 线路长度 | 运行速度 | 开工日期 | 通车日期 |
|---|---|---|---|---|---|---|
| 兰州市 | 2 | 宝兰客运专线 | 403 | 300 | 2010/3/26 | 2016/12/1 |
| 辽阳市 | 1 | 哈大客运专线 | 904 | 300 | 2007/8/23 | 2012/12/1 |
| 六盘水市 | 1 | 长昆客运专线（长沙南站至新晃西站段） | 286 | 300 | 2010/3/26 | 2015/6/18 |
| 娄底市 | 2 | 长昆客运专线（长沙南站至新晃西站段） | 420 | 300 | 2010/3/26 | 2014/12/16 |
| 洛阳市 | 1 | 郑西客运专线 | 455 | 300 | 2005/9/25 | 2010/2/6 |
| 漯河市 | 1 | 石武客运专线（郑州东站至武汉站段） | 483 | 300 | 2008/10/15 | 2012/9/28 |
| 南昌市 | 2 | 昌九城际铁路 | 131 | 300 | 2007/6/28 | 2010/9/20 |
| 南昌市 | 2 | 杭长客运专线 | 342 | 300 | 2009/12/22 | 2014/12/10 |
| 南京市 | 3 | 宁杭客运专线 | 249 | 300 | 2008/12/28 | 2013/7/1 |
| 南平市 | 4 | 合福客运专线 | 808 | 300 | 2009/12/22 | 2015/6/28 |
| 内江市 | 3 | 成渝客运专线 | 305 | 300 | 2010/3/22 | 2015/12/26 |
| 宁波市 | 3 | 杭甬客运专线 | 150 | 300 | 2009/3/19 | 2013/7/1 |
| 宁德市 | 1 | 合福客运专线 | 808 | 300 | 2009/12/22 | 2015/6/28 |
| 盘锦市 | 1 | 盘营客运专线 | 90 | 300 | 2009/5/31 | 2013/7/1 |
| 萍乡市 | 1 | 杭长客运专线 | 342 | 300 | 2009/12/22 | 2014/9/16 |
| 黔东南苗族侗族自治州 | 2 | 长昆客运专线（长沙南站至新晃西站段） | 420 | 300 | 2010/3/26 | 2014/12/16 |
| 清远市 | 2 | 武广客运专线 | 968 | 300 | 2005/6/23 | 2009/12/26 |
| 衢州市 | 3 | 杭长客运专线 | 342 | 300 | 2009/12/22 | 2014/12/10 |
| 曲靖市 | 2 | 长昆客运专线（新晃西站至贵阳北站段） | 175 | 300 | 2010/3/26 | 2016/12/1 |
| 三门峡市 | 3 | 郑西客运专线 | 455 | 300 | 2005/9/25 | 2010/2/6 |
| 上饶市 | 3 | 杭长客运专线 | 342 | 300 | 2009/12/22 | 2014/12/10 |
| 上饶市 | 4 | 合福客运专线 | 808 | 300 | 2009/12/22 | 2015/6/28 |
| 韶关市 | 1 | 武广客运专线 | 968 | 300 | 2005/6/23 | 2009/12/26 |
| 邵阳市 | 2 | 长昆客运专线（长沙南站至新晃西站段） | 420 | 300 | 2010/3/26 | 2014/12/16 |
| 绍兴市 | 1 | 杭长客运专线（杭州东站至南昌西站段） | 591 | 300 | 2009/12/22 | 2014/12/10 |
| 绍兴市 | 2 | 杭甬客运专线 | 150 | 300 | 2009/3/19 | 2013/7/1 |
| 沈阳市 | 3 | 哈大客运专线 | 904 | 300 | 2007/8/23 | 2012/12/1 |
| 石家庄市 | 2 | 石武客运专线（石家庄站至郑州东站段） | 358 | 300 | 2008/10/15 | 2012/12/26 |
| 四平市 | 2 | 哈大客运专线 | 904 | 300 | 2007/8/23 | 2012/12/1 |

续表

| 城市 | 高铁站数量 | 线路名称 | 线路长度 | 运行速度 | 开工日期 | 通车日期 |
|---|---|---|---|---|---|---|
| 松原市 | 1 | 哈大客运专线 | 904 | 300 | 2007/8/23 | 2012/12/1 |
| 天水市 | 3 | 宝兰客运专线 | 403 | 300 | 2010/3/26 | 2016/12/1 |
| 铁岭市 | 3 | 哈大客运专线 | 904 | 300 | 2007/8/23 | 2012/12/1 |
| 铜陵市 | 1 | 合福客运专线 | 808 | 300 | 2009/12/22 | 2015/6/28 |
| 铜仁市 | 2 | 长昆客运专线（长沙南站至新晃西站段） | 286 | 300 | 2010/3/26 | 2015/6/18 |
| 渭南市 | 2 | 郑西客运专线 | 455 | 300 | 2005/9/25 | 2010/2/6 |
| 无锡市 | 1 | 宁杭客运专线 | 249 | 300 | 2008/12/28 | 2013/7/1 |
| 芜湖市 | 2 | 合福客运专线 | 808 | 300 | 2009/12/22 | 2015/6/28 |
| 武汉市 | 1 | 武广客运专线 | 968 | 300 | 2005/6/23 | 2009/12/26 |
| 武汉市 | 2 | 石武客运专线（郑州东站至武汉站段） | 483 | 300 | 2008/10/15 | 2012/9/28 |
| 武汉市 | 9 | 武咸城际铁路（武汉城市圈城际铁路） | 90 | 300 | 2009/3/23 | 2013/12/28 |
| 西安市 | 1 | 郑西客运专线 | 455 | 300 | 2005/9/25 | 2011/1/11 |
| 咸宁市 | 2 | 武广客运专线 | 968 | 300 | 2005/6/23 | 2009/12/26 |
| 咸宁市 | 5 | 武咸城际铁路（武汉城市圈城际铁路） | 90 | 300 | 2009/3/23 | 2013/12/28 |
| 湘潭市 | 2 | 长昆客运专线（长沙南站至新晃西站段） | 420 | 300 | 2010/3/26 | 2014/12/16 |
| 孝感市 | 1 | 石武客运专线（郑州东站至武汉站段） | 483 | 300 | 2008/10/15 | 2012/9/28 |
| 新乡市 | 1 | 石武客运专线（石家庄站至郑州东站段） | 358 | 300 | 2008/10/15 | 2012/12/26 |
| 新余市 | 1 | 杭长客运专线 | 342 | 300 | 2009/12/22 | 2014/9/16 |
| 信阳市 | 2 | 石武客运专线（郑州东站至武汉站段） | 483 | 300 | 2008/10/15 | 2012/9/28 |
| 邢台市 | 1 | 石武客运专线（石家庄站至郑州东站段） | 358 | 300 | 2008/10/15 | 2012/12/26 |
| 许昌市 | 1 | 石武客运专线（郑州东站至武汉站段） | 483 | 300 | 2008/10/15 | 2012/9/28 |
| 宣城市 | 3 | 合福客运专线 | 808 | 300 | 2009/12/22 | 2015/6/28 |
| 宜春市 | 2 | 杭长客运专线（南昌西站至长沙南站段） | 342 | 300 | 2009/12/22 | 2014/9/16 |
| 鹰潭市 | 1 | 杭长客运专线 | 342 | 300 | 2009/12/22 | 2014/12/10 |
| 营口市 | 1 | 盘营客运专线 | 90 | 300 | 2009/5/31 | 2013/7/1 |
| 营口市 | 3 | 哈大客运专线 | 904 | 300 | 2007/8/23 | 2012/12/1 |

续表

| 城市 | 高铁站数量 | 线路名称 | 线路长度 | 运行速度 | 开工日期 | 通车日期 |
|---|---|---|---|---|---|---|
| 岳阳市 | 2 | 武广客运专线 | 968 | 300 | 2005/6/23 | 2009/12/26 |
| 长春市 | 3 | 哈大客运专线 | 904 | 300 | 2007/8/23 | 2012/12/1 |
| 长沙市 | 1 | 杭长客运专线（南昌西站至长沙南站段） | 342 | 300 | 2009/12/22 | 2014/9/16 |
| 长沙市 | 1 | 武广客运专线 | 968 | 300 | 2005/6/23 | 2009/12/26 |
| 长沙市 | 1 | 长昆客运专线（长沙南站至新晃西站段） | 420 | 300 | 2010/3/26 | 2014/12/16 |
| 镇江市 | 1 | 宁杭客运专线 | 249 | 300 | 2008/12/28 | 2013/7/1 |
| 郑州市 | 1 | 石武客运专线（郑州东站至武汉站段） | 483 | 300 | 2008/10/15 | 2012/9/28 |
| 郑州市 | 4 | 郑西客运专线 | 455 | 300 | 2005/9/25 | 2010/2/6 |
| 重庆市 | 6 | 成渝客运专线 | 305 | 300 | 2010/3/22 | 2015/12/26 |
| 株洲市 | 1 | 杭长客运专线（南昌西站至长沙南站段） | 342 | 300 | 2009/12/22 | 2014/9/16 |
| 株洲市 | 1 | 武广客运专线 | 968 | 300 | 2005/6/23 | 2009/12/26 |
| 驻马店市 | 1 | 石武客运专线（郑州东站至武汉站段） | 483 | 300 | 2008/10/15 | 2012/9/28 |
| 资阳市 | 2 | 成渝客运专线 | 305 | 300 | 2010/3/22 | 2015/12/26 |
| 蚌埠市 | 1 | 京沪高速铁路 | 1318 | 325 | 2008/4/18 | 2011/6/30 |
| 北京市 | 1 | 京沪高速铁路 | 1318 | 325 | 2008/4/18 | 2011/6/30 |
| 沧州市 | 1 | 京沪高速铁路 | 1318 | 325 | 2008/4/18 | 2011/6/30 |
| 常州市 | 1 | 京沪高速铁路 | 1318 | 325 | 2008/4/18 | 2011/6/30 |
| 滁州市 | 2 | 京沪高速铁路 | 1318 | 325 | 2008/4/18 | 2011/6/30 |
| 德州市 | 1 | 京沪高速铁路 | 1318 | 325 | 2008/4/18 | 2011/6/30 |
| 济南市 | 1 | 京沪高速铁路 | 1318 | 325 | 2008/4/18 | 2011/6/30 |
| 济宁市 | 1 | 京沪高速铁路 | 1318 | 325 | 2008/4/18 | 2011/6/30 |
| 廊坊市 | 1 | 京沪高速铁路 | 1318 | 325 | 2008/4/18 | 2011/6/30 |
| 南京市 | 1 | 京沪高速铁路 | 1318 | 325 | 2008/4/18 | 2011/6/30 |
| 上海市 | 1 | 京沪高速铁路 | 1318 | 325 | 2008/4/18 | 2011/6/30 |
| 苏州市 | 2 | 京沪高速铁路 | 1318 | 325 | 2008/4/18 | 2011/6/30 |
| 泰安市 | 1 | 京沪高速铁路 | 1318 | 325 | 2008/4/18 | 2011/6/30 |
| 天津市 | 2 | 京沪高速铁路 | 1318 | 325 | 2008/4/18 | 2011/6/30 |
| 无锡市 | 1 | 京沪高速铁路 | 1318 | 325 | 2008/4/18 | 2011/6/30 |
| 宿州市 | 1 | 京沪高速铁路 | 1318 | 325 | 2008/4/18 | 2011/6/30 |
| 徐州市 | 1 | 京沪高速铁路 | 1318 | 325 | 2008/4/18 | 2011/6/30 |

续表

| 城市 | 高铁站数量 | 线路名称 | 线路长度 | 运行速度 | 开工日期 | 通车日期 |
|---|---|---|---|---|---|---|
| 枣庄市 | 2 | 京沪高速铁路 | 1318 | 325 | 2008/4/18 | 2011/6/30 |
| 镇江市 | 2 | 京沪高速铁路 | 1318 | 325 | 2008/4/18 | 2011/6/30 |
| 安庆市 | 2 | 合安客运专线 | 163 | 350 | 2015/12/25 | 2019/6/30 |
| 蚌埠市 | 1 | 合蚌客运专线 | 131 | 350 | 2009/1/8 | 2012/10/16 |
| 北京市 | 1 | 京滨城际铁路 | 97 | 350 | 2015/12/29 | 2020/6/30 |
| 北京市 | 1 | 京津城际铁路 | 115 | 350 | 2005/7/4 | 2008/8/1 |
| 北京市 | 2 | 京唐城际铁路 | 153 | 350 | 2015/12/29 | 2020/6/30 |
| 北京市 | 4 | 京沈客运专线 | 676 | 350 | 2014/2/28 | 2019/6/30 |
| 滨州市 | 1 | 济青高速铁路 | 308 | 350 | 2015/8/11 | 2019/6/30 |
| 亳州市 | 1 | 商合杭客运专线 | 770 | 350 | 2014/12/28 | 2018/6/30 |
| 朝阳市 | 4 | 京沈客运专线 | 676 | 350 | 2014/2/28 | 2019/6/30 |
| 承德市 | 5 | 京沈客运专线 | 676 | 350 | 2014/2/28 | 2019/6/30 |
| 滁州市 | 1 | 合蚌客运专线 | 131 | 350 | 2009/1/8 | 2012/10/16 |
| 恩施土家族苗族自治州 | 1 | 郑渝客运专线（郑州东站至万州站段） | 842 | 350 | 2015/10/31 | 2021/6/30 |
| 阜新市 | 5 | 京沈客运专线 | 676 | 350 | 2014/2/28 | 2019/6/30 |
| 阜阳市 | 2 | 郑合客运专线 | 498 | 350 | 2015/12/24 | 2019/6/30 |
| 阜阳市 | 3 | 商合杭客运专线 | 770 | 350 | 2014/12/28 | 2018/6/30 |
| 赣州市 | 6 | 赣深客运专线 | 420 | 350 | 2016/6/30 | 2020/6/30 |
| 贵阳市 | 1 | 贵南客运专线 | 583 | 350 | 2016/6/30 | 2021/6/30 |
| 杭州市 | 1 | 商合杭客运专线 | 770 | 350 | 2014/12/28 | 2018/6/30 |
| 合肥市 | 3 | 合安客运专线 | 163 | 350 | 2015/12/25 | 2019/6/30 |
| 合肥市 | 3 | 合蚌客运专线 | 131 | 350 | 2009/1/8 | 2012/10/16 |
| 合肥市 | 5 | 商合杭客运专线 | 770 | 350 | 2014/12/28 | 2018/6/30 |
| 河池市 | 3 | 贵南客运专线 | 583 | 350 | 2016/6/30 | 2021/6/30 |
| 河源市 | 4 | 赣深客运专线 | 420 | 350 | 2016/6/30 | 2020/6/30 |
| 菏泽市 | 4 | 鲁南客运专线 | 390 | 350 | 2015/12/19 | 2019/6/30 |
| 湖州市 | 3 | 商合杭客运专线 | 770 | 350 | 2014/12/28 | 2018/6/30 |
| 淮南市 | 2 | 合蚌客运专线 | 131 | 350 | 2009/1/8 | 2012/10/16 |
| 淮南市 | 2 | 商合杭客运专线 | 770 | 350 | 2014/12/28 | 2018/6/30 |
| 惠州市 | 3 | 赣深客运专线 | 420 | 350 | 2016/6/30 | 2020/6/30 |
| 济南市 | 2 | 济青高速铁路 | 308 | 350 | 2015/8/11 | 2019/6/30 |
| 济宁市 | 5 | 鲁南客运专线 | 390 | 350 | 2015/12/19 | 2019/6/30 |
| 开封市 | 1 | 鲁南客运专线 | 390 | 350 | 2015/12/19 | 2019/6/30 |

续表

| 城市 | 高铁站数量 | 线路名称 | 线路长度 | 运行速度 | 开工日期 | 通车日期 |
|---|---|---|---|---|---|---|
| 开封市 | 2 | 郑徐客运专线 | 357 | 350 | 2012/12/26 | 2016/6/28 |
| 廊坊市 | 1 | 京唐城际铁路 | 153 | 350 | 2015/12/29 | 2020/6/30 |
| 廊坊市 | 3 | 京滨城际铁路 | 97 | 350 | 2015/12/29 | 2020/6/30 |
| 临沂市 | 6 | 鲁南客运专线 | 390 | 350 | 2015/12/19 | 2019/6/30 |
| 六安市 | 1 | 合安客运专线 | 163 | 350 | 2015/12/25 | 2019/6/30 |
| 南宁市 | 3 | 贵南客运专线 | 583 | 350 | 2016/6/30 | 2021/6/30 |
| 南阳市 | 3 | 郑渝客运专线（郑州东站至万州站段） | 842 | 350 | 2015/10/31 | 2021/6/30 |
| 平顶山市 | 2 | 郑渝客运专线（郑州东站至万州站段） | 842 | 350 | 2015/10/31 | 2021/6/30 |
| 黔南布依族苗族自治州 | 4 | 贵南客运专线 | 583 | 350 | 2016/6/30 | 2021/6/30 |
| 青岛市 | 3 | 济青高速铁路 | 308 | 350 | 2015/8/11 | 2019/6/30 |
| 庆阳市 | 6 | 银西客运专线 | 616 | 350 | 2015/12/23 | 2020/6/30 |
| 日照市 | 2 | 鲁南客运专线 | 390 | 350 | 2015/12/19 | 2019/6/30 |
| 商丘市 | 2 | 商合杭客运专线 | 770 | 350 | 2014/12/28 | 2018/6/30 |
| 商丘市 | 3 | 郑徐客运专线 | 357 | 350 | 2012/12/26 | 2016/6/28 |
| 深圳市 | 1 | 赣深客运专线 | 420 | 350 | 2016/6/30 | 2020/6/30 |
| 沈阳市 | 2 | 京沈客运专线 | 676 | 350 | 2014/2/28 | 2019/6/30 |
| 十堰市 | 3 | 汉十城际铁路 | 399 | 350 | 2015/2/15 | 2018/6/30 |
| 随州市 | 2 | 汉十城际铁路 | 399 | 350 | 2015/2/15 | 2018/6/30 |
| 唐山市 | 3 | 京唐城际铁路 | 153 | 350 | 2015/12/29 | 2020/6/30 |
| 天津市 | 1 | 京唐城际铁路 | 153 | 350 | 2015/12/29 | 2020/6/30 |
| 天津市 | 2 | 京津城际铁路 | 115 | 350 | 2005/7/4 | 2008/8/1 |
| 天津市 | 4 | 京滨城际铁路 | 97 | 350 | 2015/12/29 | 2020/6/30 |
| 天津市 | 5 | 津滨城际铁路 | 45 | 350 | 2009/10/1 | 2015/9/20 |
| 潍坊市 | 3 | 济青高速铁路 | 308 | 350 | 2015/8/11 | 2019/6/30 |
| 芜湖市 | 4 | 商合杭客运专线 | 770 | 350 | 2014/12/28 | 2018/6/30 |
| 吴忠市 | 4 | 银西客运专线 | 616 | 350 | 2015/12/23 | 2020/6/30 |
| 武汉市 | 1 | 汉十城际铁路 | 399 | 350 | 2015/2/15 | 2018/6/30 |
| 西安市 | 2 | 银西客运专线 | 616 | 350 | 2015/12/23 | 2020/6/30 |
| 咸阳市 | 4 | 银西客运专线 | 616 | 350 | 2015/12/23 | 2020/6/30 |
| 襄阳市 | 2 | 郑渝客运专线（郑州东站至万州站段） | 842 | 350 | 2015/10/31 | 2021/6/30 |
| 襄阳市 | 4 | 汉十城际铁路 | 399 | 350 | 2015/2/15 | 2018/6/30 |

续表

| 城市 | 高铁站数量 | 线路名称 | 线路长度 | 运行速度 | 开工日期 | 通车日期 |
|---|---|---|---|---|---|---|
| 孝感市 | 4 | 汉十城际铁路 | 399 | 350 | 2015/2/15 | 2018/6/30 |
| 宿州市 | 2 | 郑徐客运专线 | 357 | 350 | 2012/12/26 | 2016/6/28 |
| 徐州市 | 1 | 郑徐客运专线 | 357 | 350 | 2012/12/26 | 2016/6/28 |
| 许昌市 | 2 | 郑合客运专线 | 498 | 350 | 2015/12/24 | 2019/6/30 |
| 许昌市 | 2 | 郑渝客运专线（郑州东站至万州站段） | 842 | 350 | 2015/10/31 | 2021/6/30 |
| 宣城市 | 3 | 商合杭客运专线 | 770 | 350 | 2014/12/28 | 2018/6/30 |
| 宜昌市 | 1 | 郑渝客运专线（郑州东站至万州站段） | 842 | 350 | 2015/10/31 | 2021/6/30 |
| 银川市 | 4 | 银西客运专线 | 616 | 350 | 2015/12/23 | 2020/6/30 |
| 郑州市 | 1 | 郑合客运专线 | 498 | 350 | 2015/12/24 | 2019/6/30 |
| 郑州市 | 1 | 郑徐客运专线 | 357 | 350 | 2012/12/26 | 2016/6/28 |
| 郑州市 | 2 | 郑渝客运专线（郑州东站至万州站段） | 842 | 350 | 2015/10/31 | 2021/6/30 |
| 周口市 | 6 | 郑合客运专线 | 498 | 350 | 2015/12/24 | 2019/6/30 |
| 淄博市 | 2 | 济青高速铁路 | 308 | 350 | 2015/8/11 | 2019/6/30 |